跨越山海

[日]梅若·玛德琳 著

从世界一隅走来的文化使者

党蓓蓓 郭连友 译

U0369400

清华大学出版社
北京

北京市版权局著作权合同登记号　图字：01-2023-1621

LEBANON KARA KITA NOGAKUSHI NO TSUMA
by Madeleine Umewaka
© 2019 by Madeleine Umewaka
Originally published in 2019 by Iwanami Shoten, Publishers, Tokyo.
This simplified Chinese edition published 2024
by Tsinghua University Press, Beijing
by arrangement with Iwanami Shoten, Publishers, Tokyo.

图书在版编目 (CIP) 数据

跨越山海：从世界一隅走来的文化使者 / (日) 梅
若·玛德琳著；党蓓蓓，郭连友译. -- 北京：清华大
学出版社，2024. 9 (2025. 7重印). -- ISBN 978-7-302-67168-8

Ⅰ. K833.13.41；G115-53
中国国家版本馆CIP数据核字第2024NY4202号

责任编辑：梁　斐
封面设计：潘　峰
责任校对：王淑云
责任印制：沈　露

出版发行：清华大学出版社
　　　　　网　　址：https://www.tup.com.cn, https://www.wqxuetang.com
　　　　　地　　址：北京清华大学学研大厦A座　　邮　　编：100084
　　　　　社 总 机：010-83470000　　　　　　　邮　　购：010-62786544
　　　　　投稿与读者服务：010-62776969, c-service@tup.tsinghua.edu.cn
　　　　　质量反馈：010-62772015, zhiliang@tup.tsinghua.edu.cn
印 装 者：三河市龙大印装有限公司
经　　销：全国新华书店
开　　本：130mm×185mm　　印　张：6.125　　字　数：109千字
版　　次：2024年9月第1版　　　　　　　　印　次：2025年7月第2次印刷
定　　价：49.00元

产品编号：099328-01

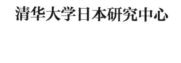
清华大学日本研究中心

前言

在世界的一隅

1995 年，为纪念黎巴嫩内战结束，设计师阿尔芒·费尔南德设计建造了"和平的希望"纪念碑。它的不同寻常之处在于内部镶嵌了各个时代和各个国家的 78 辆军车

　　1976 年夏天一个闷热的日子，黎巴嫩各地频发的暴乱不断升级，紧张的局势使得我和姑妈玛格特（Margot）决定一起逃离贝鲁特，前往塞浦路斯。在我们乘坐小艇穿越地中海的途中，玛格特裹着毯子蜷缩在小船的一个角落，显得十分无助。那时，我十八岁，对接下来命运的走向充满了未知和焦虑。我们逃离黎巴嫩时，激烈的内战已经持续了近一年时间。国内几乎所有的道路、政府机关、大使馆和唯一的机场都被封锁，唯一的逃离通道只剩下了海路。

　　当时，我们家住在东贝鲁特的辛埃尔·费尔（Sin el Fil）地区。父母决定让我出国逃难，因为我家附近的两个巴勒斯坦难民营（Tel Za'atar 和 Jisr el-Basha）爆发了基督教派民兵组织和巴勒斯坦解放组织（PLO）之间的冲突。不难预见今后冲突会持续升级，所以父母希望我能够逃离这里。那时我感到十分迷茫，从未想过自己会如此匆匆地、在不知归期的情况下离开故乡贝鲁特。

　　提到黎巴嫩，人们往往会联想到它的政治动荡不安。而其独特的地理位置也是造成其持续动荡的原因之一。黎巴嫩北部和东部与叙利亚接壤，南部与以色列毗邻，西部则隔着地中海与塞浦路斯相望。

　　内战爆发前，贝鲁特曾被誉为"东方巴黎"。尽管从 1923 年到 1943 年贝鲁特处于法国的委任统治下，但它也曾经是充满活力的艺术和文化中心。贝鲁特地处欧亚非三大洲的交会地带，是中东地区重要的商业中心之一，也是各族人民聚集的繁华之地。

然而，生活在这里的民众的身份认同却十分复杂。黎巴嫩被称为"人种熔炉"的历史最早可以追溯到公元前 6000—前5000 年。在新石器时代晚期[①]，贝鲁特沿海地区曾居住着通过海上贸易繁荣起来的腓尼基人，并且他们的存在已经得到证实。贝鲁特的历史是一部屡遭外敌入侵、占领和统治的历史。埃及人、亚述人、巴比伦人、马其顿人、波斯人、希腊人、罗马人、阿拉伯人、奥斯曼帝国、法国人、叙利亚人、以色列人以及许多其他民族都曾在这片土地上留下他们的痕迹。

所以，在黎巴嫩国内拥有 18 种以上的宗教和教派也符合常理。大多数政党和意识形态都建立在各宗教或教派的信仰基础之上。其中，伊斯兰教什叶派、逊尼派、德鲁兹派，基督教马龙派，东正教和天主教势力较大。1932 年开展的唯一一次官方人口普查显示，基督徒占了人口总数的半数以上。

十年后，随着 1943 年《国民公约》的签署，法国对黎巴嫩的委任统治也随之宣告结束。该公约将穆斯林和基督教徒之

[①] 新石器时代末期也称为"铜石并用时代"，距今约 5500—4000 年。少量的小型铜制工具开始出现，但石器仍然是人们从事生产活动和征战时的主要工具和武器。石器及陶器制作技术均很发达。——译者注

间的权力分配做出了规定。黎巴嫩的政治权力机构由基督教马龙派、穆斯林逊尼派和什叶派分别掌握，总统是马龙派基督徒，总理是逊尼派穆斯林，国会议长是什叶派穆斯林。为此，黎巴嫩成为一个独特的阿拉伯国家。尽管教派主义与政治联盟的结合是一种民主形式，它试图在不同族群之间寻求权力分配的平衡，但黎巴嫩人的政治身份认同也因此变得更加错综复杂。

1948 年以色列建国导致数十万巴勒斯坦难民涌入黎巴嫩，使得黎巴嫩的情况变得愈发纷繁复杂。由于担心黎巴嫩的国家主权受到威胁，许多基督徒反对巴勒斯坦解放组织在黎巴嫩扩大其影响力。而穆斯林则为了追求更公平的权力分配，转而支持巴勒斯坦难民。最终，巴以冲突成为点燃各地黎巴嫩人民强烈的政治和意识形态对立的导火索。

1975 年 4 月 13 日，极右翼基督教长枪党 ① 袭击了一辆载有 26 名巴勒斯坦人的公共汽车，并将车上乘客全部杀害。该事件是为了报复企图刺杀长枪党领袖皮埃尔·杰马耶勒的行动。消息一经传出，贝鲁特各地就爆发了武装冲突，市民瞬间便陷入了恐慌之中。我就读的高中也受到影响，修女立即打电话给家长来接学生。从那天起，黎巴嫩陷入了一场长达 15 年的内战，我不得不中断了高中阶段的学习。

---

① 基督教长枪党：又译弗朗吉亚党，马龙派的政治组织。——译者注

在此期间，许多联盟和民兵组织在外国势力的支持下相继涌现。西方国家主要支持基督教势力，而叙利亚和伊朗则是伊斯兰教什叶派的主要支持者。另一方面，沙特阿拉伯和波斯湾的阿拉伯国家则支持伊斯兰教逊尼派。

虽然内战最初是由穆斯林和基督教徒之间的局部武装冲突所引发，但后来逐步升级，最终导致伊斯兰教和基督教内部出现分裂。不同教派的民兵组织间的战斗持续不断，造成了巨大的人员伤亡。内战爆发前，人们即使信仰不同的宗教，也仍然可以成为朋友。然而，如今他们却投身于彼此相互敌对的组织，开始互相残杀。不仅如此，任何参与战斗的人员，无论其宗教信仰如何，都有可能被绑架，普通平民也不能幸免。仅仅因为他是基督徒或穆斯林，就会在检查站被拦截盘问，甚至有可能被杀害。不同教派之间的同盟关系一直处于不断的变化之中，所以有时很难判断哪个派系会针对哪个组织发起攻击。

当炮弹开始像雨点一样砸在我家门口时，我们全家就不得不频繁撤离到地下避难所避难。有时，出于对这场内战无声的抗议，我曾经拒绝前往避难所。这时，我的父母就会劝说我和他们一同逃离。我能否活着醒来，看到第二天的太阳？城里所有亲戚能否在下一次袭击中幸存下来？日复一日，我们都在惴惴不安中度过。

我仍然清晰地记得离开贝鲁特的那一天，与骨肉至亲的分离给我带来了刻骨铭心的痛苦。就像是黎巴嫩——我的故乡，被人强行掠夺走了一样。我和我的家人，像许许多多黎巴嫩人一样，不得不为了躲避战乱，流离失所，散落在世界各地。而我则经由塞浦路斯南岸的城市拉纳卡逃到了日本。

当初，我从未预料到日本会成为我的第二故乡，也未曾想过在神户的国际高中，我会遇见一生中的挚爱——犹彦。更出乎意料的是，我能在黎巴嫩与日本这两个截然不同的文化之间建立起一个家庭，更没料到其中所蕴含的艰辛与坎坷。而且冥冥之中，命运竟将我与日本传承已逾六百余载的能乐世家紧密联系在一起。黎巴嫩内战爆发前，遥远的日本只是我脑海中的一个地理概念，而我只是一个在黎巴嫩——世界一隅中过着平静生活的少女。

目 录

第一章

告别黎巴嫩

1 ABDUL-JALIL
2 MADELEINE
3 LEBANON
4 FEB. 28. 1958.
5 TAMAGAWADENENCHOFU. SETAGAYA-KU. TOKYO.

A Sceau ou cachet de l'autorité
B Sceau ou cachet de l'autorité
C Sceau ou cachet de l'autorité
D Sceau ou cachet de l'autorité
E Sceau ou cachet de l'autorité

Signature du titulaire

EXCLUSIONS
(pays)

I
II
III
IV
V
VI
VII
VIII

作者的国际驾照

1　贝鲁特和我的家庭

童年时代

1958 年 2 月 28 日午夜，正值零点钟声敲响之际，在贝鲁特圣·约瑟夫大学妇产科医院里，一声婴儿的啼哭划破了夜幕的寂静。响亮的哭声宣告着"我"来到了这个世界。当时，医院就位于大马士革公路上。而这条街就是后来被人称为"绿线"的街道。它将贝鲁特一分为二，划分为东西两个区域。因此，每年我都可以在 2 月 28 日或 3 月 1 日之中任意选择一天来庆祝生日，闰年的生日则落在 2 月 29 日。然而，我的母亲在分娩前几天，在家门口穿过斯皮尔斯街时，不慎被一辆车撞倒。虽说不幸中的万幸是母亲和腹中胎儿没有生命危险，但她却是在一条腿缠着石膏的情况下生下了我。

回忆起童年时光，如今我只能依稀捕捉到一些片段。关于学校的记忆，也就只剩在贝鲁特的圣约瑟夫·德·拉帕里西翁学校里，向天主教修女们毕恭毕敬地鞠躬这点印象了。除此之外，还依稀记得那严肃紧张的学校氛围，让我倍感压抑。修女们对课堂秩序和纪律要求十分严格，而且她们整日穿着黑白修道服的形象，更是让我喘不过气来。

　　作为一个好学生，我从小就在数学方面展现出了非凡的天赋，也吸引了一群同学放学后来我家学习。小时候，我就读于由修女和耶稣会神父开办的私立天主教会学校，授课主要以法语为主。在黎巴嫩，使用阿拉伯语、英语和法语三种语言进行授课的情况并不少见。即便在日常对话中，黎巴嫩人也经常三种语言混用，有时甚至一句话中同时出现这三种语言。

　　我的童年是在西贝鲁特繁华的坎塔里区（Kantari）度过的。这里云集了众多的政府机构和国际组织的总部。街道两旁既有官方建筑，又有居民区，而我家就在这条街上。国际红十字会的正门离我家南边仅二百米。黎巴嫩独立后的第一任总统贝沙拉·扈利（Bechara El Khoury）的住所就位于与我们这条街平行的另一条街道上。沿着这条街向北延伸，是贝鲁特为数不多的公园之一——萨那耶花园（Sanayeh Park）。与之相邻的哈姆拉大街至今仍是贝鲁特最国际化的地方。我经常和朋友前往那里看外国电影，吃冰淇淋或是薄饼，那是一段非常惬意难忘的时光。

　　我家在一栋五层楼高的公寓顶层，背后紧挨着主街。由于建成年代久远，房子并未配备电梯。为了方便孩子们上下楼梯，体贴的父亲在三楼的平台上安放了一张长凳。在坎塔里地区，不同宗教背景的居民比邻而居，和睦相处。我家公寓里也住着不同宗教信仰、不同教派的居民，有马龙派基督徒、天主教徒、

在棕榈主日一家人的合影。从左至右分别是作者的母亲、妹妹宝琳及父亲，手搭在作者肩膀上的是姐姐玛丽·罗斯

亚美尼亚东正教徒、什叶派穆斯林、逊尼派穆斯林等。比如我家的邻居就是马龙派基督徒，他家有四男一女五个孩子。楼下住着一户亚美尼亚天主教徒的家庭，他们家有一个与我年纪相仿的女孩。我俩常常在宽敞的阳台和露台上玩耍，因为楼下马路车来车往很危险。我家的阳台上还曾养过一只兔子，我经常把它抱在怀里轻轻抚摸它，这段记忆深深地刻在我的脑海中，成为我童年美好的回忆。

我的父亲

我的父亲——爱德华·阿卜杜勒·贾利利（Edouard Abdel Jalili）于 1919 年出生在黎巴嫩贝鲁特的艾希拉菲区（Ashrafieh）。他对法国文化情有独钟，阅读了大量文学和哲学类书籍，同时也痴迷于古典音乐。他常常沉浸在自己的世界中，有种超脱尘世的感觉。在我小时候，每天早上，父亲上班前，我都是在歌剧或古典音乐的旋律中睁开蒙眬的睡眼。父亲最喜欢莫扎特、贝多芬和普契尼等作曲家的音乐。他曾请求父母给比他小二十岁的弟弟起名为"沃尔夫冈"，以纪念他崇拜的作曲家。而在黎巴嫩，这个名字是非常罕见的。由此可见父亲对古典音乐的痴迷程度。

然而，自从 1975 年贝鲁特内战爆发以来，这位内心细腻、超凡脱俗的父亲开始频频为家人的安全担忧。虽然在黎巴嫩地震并不常见，他却时常担心发生地震。一想到书架在地震中倒塌会给孩子们带来危险，父亲就想尽办法让书架远离孩子们的床铺。

父亲的焦虑由来已久。这源自我所听到的有关阿卜杜勒·贾利利家族的古老故事[①]。贾利利家族在 1726 年到 1834 年间统治着伊拉克城市摩苏尔，是东部天主教会 23 个教派之

---

① Al-Tikriti, Nabil, "Ottoman Iraq". *The Journal of the Historical Society*, VII (2), 2007, pp.201-212.

一的叙利亚天主教的信徒。然而，随着一系列冲突的爆发，他们不得不做出艰难的决定：放弃长久以来的统治地位和积累下来的财产，逃离摩苏尔来到叙利亚阿勒颇。贾利利家族的不幸并没有就此结束，1860 年叙利亚又爆发了屠杀基督教徒事件，曾祖父迈克（Michael）再次被迫逃亡。他通过下水道逃到黎巴嫩，这才躲过一劫。

内战点燃了我父亲内心隐隐的担忧与恐惧，他害怕我们会重蹈祖先抛弃一切逃亡的覆辙。内战期间，父亲一直生活在轰炸和枪击所带来的巨大恐惧中。为了安全起见，我们不得不多次搬家，而我们的朋友拉乌尔（Raoul）也在此期间不幸中弹身亡。所有这一切，都在不断地侵蚀着父亲的健康。最终，在 1979 年，父亲六十岁时不幸突发心脏病离开了我们，永远地离开了这个世界。

父亲的突然离世是在一次庆祝亲戚家孩子洗礼的聚会上。那时父亲正兴致勃勃地向我表弟米歇尔讲述法国哲学家、神学家帕斯卡尔[①]的故事，心脏却突然停止了跳动。当他出现症状时，住在同一公寓楼的医生虽然立即赶来全力抢救，却仍然回天乏术。我的父亲被葬在大马士革路的叙利亚天主教墓地。巧

---

① 布莱兹·帕斯卡尔（Blaise Pascal，1623—1662）是法国 17 世纪最杰出的数学家、物理学家、哲学家。他在理论科学和实验科学两方面都作出了巨大贡献。——译者注

合的是，他出生的妇产医院也位于这条街上。

父亲的离世给我和家人带来了巨大的痛苦。父亲去世那天，我正在英国雷丁大学（University of Reading）埋头苦读，准备第二年毕业。突然听到父亲去世的消息，一股强烈的孤独感向我袭来。我无论如何也接受不了如此深爱我、与我亲密无间的父亲的意外离世。

鉴于当时黎巴嫩局势严峻，母亲不希望我此时冒着生命危险返回黎巴嫩与父亲告别。我恨我自己不能陪在他身边，甚至连他的葬礼都没能参加。这是我人生中第一次深刻体验到悲痛欲绝的滋味。

每当我回忆起过去，总会想起与父亲一起谈论各种我所感兴趣的话题，如生活、哲学、政治、文学、音乐等的场景。虽然那时我还年幼，无法和父亲展开深入的文学和哲学讨论，但我们会经常聊起我的学习情况。为了辅导我的功课，父亲请了一位数学家教来辅导我。同时，他还把他们大学理工科学生使用的最新版数学教材送给了我。然而，直到我读大学离开家后，我才对父亲阅读的书籍产生浓厚的兴趣。或许是因为我远在异国他乡，常常想念家人，父亲会经常写信鼓励我。他在信中喜欢引用伟大作家的名言名句。例如，他经常引用米格尔·德·塞万提斯的话："失去财富的人损失很大，失去勇气的人则是损失了一切。"每次我读完父亲的来信，都能感受到强烈的父爱，激发我积极向上。当学业上的压力压得我透不过气、思乡之情涌上心头时，正是父亲的信给予了我坚持下去的力量。我至今仍珍藏着他寄给我的一盘他精心刻录的磁带，里面收录了父亲喜爱的作曲家如柏辽兹、巴托克、普契尼、海顿、舒伯特和奥芬巴赫等的作品。尽管父亲离开我们已经整整四十个年头了，但我仍然从心底深深地爱着他。

"记忆剧场"

回想起过去，我常常对自己的童年记忆如此稀少感到困惑。就像沙滩上的脚印被海浪冲刷掉一样，也许我的记忆也被那场亲历的内战给冲刷掉了。童年的记忆只剩下一些模糊的碎片，像一幅幅褪色的拼图，偶尔在脑海中闪现。

尽管如此，有一段经历却让我依然记忆犹新。当时我五岁，扁桃体炎反复发作。父亲特别紧张，带着我跑遍了城里所有的耳鼻喉科。其中一位医生建议，可以进行药物治疗，最好不要手术切除扁桃体。于是，我们听从了医生的建议，却最终导致我过量服用氨基糖苷类抗生素，使我的听觉神经受到了损害。后来，另一位医生向我们解释说，这种抗生素的副作用就是可能会对听觉神经造成伤害，导致患者失去部分听力。幸运的是，我的听力损失并不严重，但父亲却尤为担心。为了让我听清楚课上的内容，他向老师请求让我坐在教室的最前面。不仅如此，父亲还带着我遍访名医，甚至请到了贝鲁特最好的耳鼻喉科医生。但在我八岁的时候，我还是戴上了助听器。医生们都表示除此之外别无他法。所以小时候，我一直很羡慕戴眼镜的人，因为视力问题比听力问题更容易矫正。

对我而言，所听到的声音和我理解的内容之间往往存在一定的差距。有时候，我能听到声音，但难以区分高频声音，而这些高频声音对于理解语义非常关键。因此，那些不了解我有听力问题的人往往会认为我反应迟钝。尤其是在嘈杂的环境中，除非竭力去听，否则我无法准确理解对话的含义。尽管我学会了如何阅读唇语，但至今仍然需要通过对话的上下文来推测对方说的具体内容。

幸运的是，在失去听力之前，我已经学会了阿拉伯语和法语。即便如此，我还是无法正确发出元音，因此不得不向语言治疗师寻求帮助。当父亲发现我有听力障碍时，就开始对我进行"过度保护"。幸好，母亲比父亲更坚强、更理智，她从没有因为我的失聪而长吁短叹。尽管有时候她会说："要是能把我的听力给你就好了。"

我的母亲

我的母亲珍妮特·阿比·纳吉姆（Jeanette Abi Najem）1924 年出生在黎巴嫩南部一个叫杰纳亚（Jernaya）村的大家

庭里。她十四岁时，父母把她送到了已在贝鲁特生活的姐姐伊莲娜（Helene）那里接受学校教育。可以说，我的母亲是幸运的，因为当时大部分村民都比较重男轻女，所以母亲不上学也不足为奇。

当时，姨妈伊莲娜寄宿在我曾祖父乔治的家里。我的父亲爱德华和母亲珍妮特就在那里相遇了。父亲比母亲大了五岁，他不仅成了她的家庭教师，后来更成了她深深爱恋的丈夫。当珍妮特年仅十八岁时，他们双双坠入爱河，并一起私奔了。之

父亲和母亲

所以选择私奔，也许是因为双方家庭的社会经济地位过于悬殊，他们认为两人的婚姻难以得到双方父母的认可；或者只是因为时机不对，所以才会选择私奔。那时，做贸易的曾祖父生意不顺，父亲的经济状况也不乐观，不得不通过晚上勤工俭学来攒学费。

虽然他们的爱情故事中间有一些小插曲，但珍妮特和爱德华最终还是步入了婚姻的殿堂。婚后，父亲在耶稣会创办的贝鲁特圣约瑟夫大学①的科学学院担任首席图书管理员。虽然收入微薄，但这对年轻夫妇仍竭尽全力让四个孩子进入私立学校学习。对于母亲珍妮特来说，婚后的生活并不轻松。父亲小时候曾患轻度小儿麻痹症，身体状况欠佳，因此母亲不仅要照顾孩子，还得照顾身体不好的丈夫。但无论面对多大困难，母亲始终没有抱怨过一句。父亲一直很欣赏母亲诚实和淳朴的品格，并感激她为家庭所做的一切努力和付出。每当有人夸赞母亲看起来比实际年龄年轻时，她总是带着一丝调侃回答"这都是拜我丈夫的疼爱所赐吧"。尽管父母有时会拌拌嘴，但他们对彼此的爱和尊重让我深受感动。

---

① 贝鲁特圣约瑟夫大学（USJ）是一所黎巴嫩私立大学，由耶稣会成立于 1875 年。大学拥有 13 个学院（宗教科学、医学、药学、牙科医学、护理科学、工程、法律和政治科学、经济学、工商管理和管理、人文、科学、教育科学和语言）。——译者注

得知父亲离世的消息后，母亲并未陷入悲伤与消沉，反而展现出坚韧与积极的态度，与人交往更为频繁，这让我在悲痛之余也感到了一丝欣慰。然而，我内心的忧虑却难以消解，因为四个孩子都在国外，唯有母亲独自留守在黎巴嫩，面对生活的种种挑战。妹妹宝琳定居巴黎，哥哥乔治身在伦敦，而我和姐姐玛丽·罗斯则远赴日本安家。

在如此艰难的环境下，母亲不仅没有被击垮，反而积极投身于慈善事业，牵头创立了名为"上帝旨意之家"的机构，致力于帮助那些贫困无助的人们。她还与志同道合的同事们一同走访了该机构在法国卢尔德、意大利罗马等地的分支机构，将爱心播撒到更广阔的地方。尽管母亲时常来日本探望我们，但每次短暂的逗留期间，她总是心系家中，坐立不安。她似乎更享受在贝鲁特郊区埃利萨的独居生活，那里有着她熟悉的一切。对她而言，保护这个家的重要性不言而喻，她愿意为此付出一切代价。然而，1997年发生的一件事却让我们深感震惊。母亲从日本看望姐姐归来后，竟发现家中已被陌生的难民家庭占据。我们位于西贝鲁特的房子就这样被无故侵占，所有财物一扫而空，甚至我童年时期的珍贵照片也未能幸免。自那以后，母亲的心中始终笼罩着一层阴影，她担心会再次失去住所，因此放弃了长期留在国外的念头。

2　内战下的生活

不停地搬家

1971 年，我父亲所在的贝鲁特圣约瑟夫大学科学学院从贝鲁特市区搬至郊区马尔鲁科兹（Marloukoz）。三年后，为了工作方便，父母选择把家搬到父亲工作单位附近的辛埃尔·费尔住宅区，把原先我们在斯皮尔斯街的公寓留给哥哥姐姐住。

1974 年，我开始了在贝鲁特郊区朱迪德的博苏里耶修女学院（Collège des Seul des Sancourts Beauchelier）的学校生活。据说在这所学校新生很难融入，也很难交到朋友。因为很多同学从小学起就在这里读书，早已形成了固定的圈子。尽管如此，在一次数学考试中我取得了最高分，同学们纷纷投来了羡慕的眼光。也许是因为大家对我感到好奇，自那次以后，我结识了一些新朋友。然而，我的学校在黎巴嫩内战爆发那一天突然停课，所以在短暂的时间内很难与她们建立起深厚的友谊。

搬到辛埃尔·费尔区不到两年，我们被迫再次搬家。因为附近有一个名叫泰尔扎阿尔塔（Terza'Atar）的巴勒斯坦难民营。那里时常发生武装冲突，到处都是民兵组织的检查站。

尽管巴勒斯坦难民仍然无法返回自己的家园，但 1969 年达成的《开罗协议》赋予了巴勒斯坦解放组织更多的自治权。该协议规定黎巴嫩军队不得进入这些难民营，而在难民营内，黎巴嫩政府不具备任何权力。此后，难民营内的抵抗运动逐渐升级，巴勒斯坦解放组织和以色列侵略军在黎巴嫩南部展开了一系列武装进攻和反击。

就在那时，我叔父亨利提出让我们一家搬到他在阿什拉菲耶地区的公寓。他们全家决定前往法国。只要我们住在他的公寓里，他们就不用担心自己的家被那些来自西贝鲁特、流离失所的基督教难民占据。

学校停课后，我积极投身于黎巴嫩明爱会的青年团体活动，致力于社会公益事业。阿什拉菲耶区是基督教长枪党民兵组织的总部所在地，该组织旨在打击巴解组织在黎巴嫩国内扩张的势力。因此，该地区经常成为伊斯兰民兵组织及其支持者袭击的目标。

为了躲避战火，该地区的居民不得不整天躲在防空洞里。这也意味着我们明爱志愿者必须冒着生命危险给居民们运送食物和物资。正是在明爱会的活动中，我结识了我的第一任男友米歇尔。

在黎巴嫩明爱会的日子可谓惊心动魄。我们没有像大多数人那样整日躲在避难所中保命，而是通过组建明爱会青年队来抗议这种滥用武力的行为。我们还举办了迪斯科舞会，演奏披头士乐队等流行音乐，好像唯有音乐能让外面的轰炸声变得安静下来。只有在帮助他人的过程中，我才真切地感受到自己存在的价值和活着的意义。当我们的朋友或邻居受到袭击，或被迫加入民兵队时，我们会彼此鼓励，互相支持着继续前行。然而，这些事件却一次又一次地发生，给人以深深的震撼。曾经有一次，我们遇到了一名民兵，他向我们讲述了他认识的一个年轻人在玩俄罗斯轮盘时丧生的事情。更让人不寒而栗的是，他还试图向我们展示他从那个被他亲手杀死的敌人身上割下的耳朵，这一幕让我感到极度震惊和心寒。

好景不长，随着战斗的加剧，阿什拉菲耶区变得和其他地方一样危险了。我们被迫又一次搬家。这次，我们选择了朱尼耶湾附近的海边小镇——杜巴耶（Dubaye），住在我母亲的表哥法齐的家中。面对随时可能发生的炮击或狙击，米歇尔本可以选择不来找我，但他却经常不顾一切冒着生命危险，骑行四十分钟来见我。

与家族分别

为了使我远离首都贝鲁特因内战所带来的破坏和暴行，父母决定将我送到城郊的一所寄宿学校——马里斯特·尚维尔学校（Le Corrège Mariste Chamville）。这所学校是天主教圣母玛利亚会创办的，以前是一所历史悠久的著名男校。然而，由于内战的缘故，学校现在已经向女学生敞开大门。当时我的妹妹宝琳还是中学生，未满足入读寄宿学校的年龄要求，所以父母把她送到了远在伦敦的哥哥那里。

我是第一批进入马里斯特·尚维尔学校的女学生。男生们对我们的到来非常欢迎，争先恐后地吸引着女孩们的注意。作为来自女子高中的学生，我们觉得他们的反应很有趣。我上的是十一年级，因为我年纪最大，所以分到了一个单间。而十年级的女生则住在我隔壁的房间里。有些男生晚上甚至冒险从外面爬上楼来和我们打牌。不幸的是，一次一名男生在爬窗户时被保安逮住。结果，从那以后，宿舍的窗户就被锁上了。那时候，我们既独自承受着离家的孤独，同时也对黎巴嫩各地零星的武装冲突报道感到焦虑，而男女同校的生活很好地分散了我们的注意力。

那时候，我们经常因为路上不安全而无法回家。朋友们会邀请我周末去她们家住，直到战斗平息。还记得有一个叫法迪的同学就住在学校附近，后来他搬到了巴黎。当我们2006年再次在巴黎相聚时，他向我讲述了几十年前发生的一件事情。那是一个清晨，我和他的家人正吃着早餐，突然一颗子弹毫无预兆地飞进了屋子里。由于我及时被拉到桌子下面，幸运地躲开了子弹。随后，我们急忙跑进地下室避难。等到攻击停止，我们回到房间后惊讶地发现原本煮鸡蛋的锅早已被炸飞，只剩下粘在天花板上的鸡蛋。原来匆忙间，法迪的祖母忘记关掉灶上的炉火，好在没有引发大的火灾。多年后，听着法迪的讲述，我竟然对这件几乎让我丧命的往事没有一丝印象。它好像从未发生过一样，令人难以置信。

战争没有任何结束的迹象，我意识到可能无法完成高中学业了。面对如此无奈的情况，我们别无选择，只能选择逃离此地。然而，逃往海外避难并非一种轻松的选择，而是一种"心碎到极致"的痛苦决定。当我登上离开黎巴嫩的难民船时，我感到茫然无措，在一望无际的大海上漂泊，任凭我怎么远眺，都看不到一丝陆地的踪影。我思索着前途未卜的将来，几乎被焦虑击垮。我们整个家族都离开了黎巴嫩，散落在世界各地，包括美国、英国、法国、德国、西班牙、迪拜、突尼斯、科特迪瓦等地。

随着大家纷纷逃亡，我遗憾地失去了曾经与我同住在西贝鲁特的朋友和学校同学的联系。附近的基督徒朋友要么搬到东贝鲁特，要么跟随那些更早离开的亲人一起逃往国外。

看到因战乱而变得满目疮痍的黎巴嫩，我感到无比心痛。贝鲁特常被人们比作浴火重生的凤凰。它犹如一只不死的凤凰，从熊熊燃烧的灰烬中复活飞升。我的家乡贝鲁特曾经历过多次地震、他国入侵和战火洗礼，每次都能浴火重生。然而，这一次，我的家乡注定逃不过化为灰烬的命运。

3 邂逅年轻的能乐师

姐姐玛丽·罗斯结婚

相比其他国家，在日本定居的黎巴嫩人较少。除了语言的障碍、高昂的生活费、狭窄的住房、苛刻的就业环境以及缺乏黎巴嫩移民历史，还有限制性的移民法规……都是可能导致这一结果的主要因素。所以，我经常被问到："你为什么选择来日本？"我理解他们心中的疑惑，所以我总是给出两个理由："我的姐姐"和"黎巴嫩内战"。

当我的姐姐玛丽·罗斯在黎巴嫩的贝鲁特为东京银行（现为三菱 UFJ 银行）工作时，她结识了未来的丈夫石黑道兼。那是在黎巴嫩内战爆发前，当时有近一百家日本公司在黎巴嫩开展业务，甚至还有一所日本人的学校。姐姐在教日本政府官员和银行同事法语和阿拉伯语时，认识了 Ken（我们称姐夫石黑道兼为 Ken——兼的日语发音）。我记得那时 Ken 和他的朋友经常来我家，愉快地弹着吉他，唱着日本歌曲。令人印象深刻的是，我惊讶地发现日本男人与黎巴嫩男人在外表上有如此大的差异。尽管当时我只有十三岁，但我清楚地记得 Ken 和他的朋友们都非常英俊，拥有精致立体的五官和乌黑柔亮的头发。或许因为他们的皮肤光滑紧致，所以看起来比实际年龄要年轻。相比之下，许多黎巴嫩男人的脸和手臂上都覆盖着浓密的体毛。

姐姐和 Ken 经常带全家去山中郊游。姐姐非常爱我们这个家，以至于她犹豫是否要嫁给 Ken，离开家乡前往遥远的日本生活。父亲察觉出了姐姐的两难处境，建议她先在日本生活一年左右，看看能否适应新的文化，然后再决定是否结婚。

姐姐接受了父亲的建议，跟着 Ken 前往日本。姐姐离开后，父亲无时无刻不挂念着身处异国他乡的女儿，给姐姐寄去了一封又一封感人至深的家书。这些信的内容涵盖了人生、命运等各个方面，充满了父亲对姐姐炽烈而深沉的爱。我想，父亲通过这种形式默默地支持着姐姐开启在日本的新生活。1973 年，姐姐和 Ken 终于走进了婚姻的殿堂，并在兵库县芦屋市安了家。1979 年父亲去世后，姐姐将父亲的来信翻译成日语，并出版了一部备受赞誉的作品——《父亲的心——给女儿的信》。

1974 年 8 月，在姐姐和姐夫的盛情邀请下，我和父母、妹妹在他们家住了一个月。在此期间，姐姐和姐夫带着我们畅游了许多地方，留下了无数难忘而珍贵的回忆。我想，那时的我就已经深深地爱上了日本。

妹妹宝琳和作者在关西的茶会上

初识犹彦

我时常被问及："是在哪里结识你的丈夫犹彦的呢？"对于这个问题，我往往简要地回答说，我们的缘分始于神户的一所高中。1976 年，黎巴嫩国内战火纷飞，混乱不堪。正值这个动荡时期，姐姐和姐夫再次慷慨地提议，邀请我、父母和妹妹宝琳一同前往他们位于兵库县芦屋市的家暂避风雨。他们的房子很大（正如他们的胸怀一样宽广），为我们提供了近乎一年的安身之所。在这段时间里，我们共同生活，度过了很多难忘的时光。令我们欣慰的是，姐姐能够顺利地融入日本的生活。不知不觉间，日本就成了我们一家人的"第二故乡"。

当基本适应了芦屋全新的生活后，我进入了位于神户六甲区的加拿大国际学校，开始了新的学校生活。这所学校与我之前在黎巴嫩就读的学校截然不同，拥有独特的教育理念。黎巴嫩的教育强调死记硬背，类似法国模式。而这所学校则更注重培养学生的批判性思维。因此，一开始我感到非常吃力，花了较长一段时间才适应起来。然而，渐渐地我从这种以批判性思维为基础的讨论式课堂中获益良多。对我来说，这是一种全新的挑战和学习体验。

当我和犹彦还只是普通同学的时候，他就主动靠近并约我出去。这一举动不禁引起了我对他的兴趣。我似乎早已隐约感觉到他对我与其他学生的不同之处，然而直到他约我的那一刻，我才真正注意到他的存在。与来自北美和欧洲的大多数学生不同，他性格安静偏内向。在我们学校，日本学生喜欢结成各个小圈子。他们交谈时经常混用英语和日语，也不怎么和外国学生打交道。因此，我几乎没有日本朋友。

我们第一次约会时，犹彦提议要带我去吃寿司，但当时我是素食主义者，所以最后我们选择了去吃关西特产大阪烧（没放肉的）。我们漫步在充满魅力的神户市内，一点点地拉近了心与心的距离。每当与犹彦相伴，我便能更深入地领略日本及其文化的魅力。

"犹彦为什么选择国际学校就读？"这是另一个经常被问到的问题。要回答这个问题，就不得不提到犹彦的母亲——梅若·罗莎，她是一位富有远见的女性。她意识到要想把能乐这一传统艺术介绍到国外，作为接班人的犹彦必须先打下扎实的英语基础。而当时大多数能乐家庭的孩子都在学习院大学（Gakushuin University）的各级学校学习。虽然犹彦也获得了学习院附属学校的录取通知，但罗莎坚持把犹彦送到加拿大国际学校，并安排他住进宿舍，开启了他的寄宿生活。因为罗莎相信，这样的环境更有利于培养犹彦的英语听说读写能力。

在我和犹彦交往的整个高中时期，他从未向我提起过他背后的能乐世界。他甚至从未和我提过他的曾祖父、祖父、父亲都是能乐表演艺术家。他的家族是承袭了六百年的传统能乐世家。他的曾祖父梅若实以一己之力，让明治维新后危在旦夕的能乐艺术重新焕发出新的生机。而当时的我对这一切都一无所知，因为那时能乐从未成为我们谈论的话题。我们聊得更多的是学校、朋友以及黎巴嫩的局势等。直到我们结婚后，我才开始领略到他背后那个美妙的能乐世界。

犹彦的身材高大威武，略带有一丝神秘感。之所以这么说，是因为我总感觉在他身上有一部分我无法进入的世界，这种感觉至今仍未改变。他热爱哲学和文学，富有幽默感，同时也很善良、体贴。他开心的时候，整个人显得放松，经常做恶作剧，甚至还有些叛逆。我记得有一次他调皮到差点被学校开除。当然，他也有不开心的时候。每当他不开心时，就会板起脸，将自律与克制展现得淋漓尽致，让人深切感受到他在学习能乐上的成果。他的性格巧妙地融合了现代与传统、叛逆与自律——这种永恒的双重性格深深吸引着我。那时候的他毫无拘束，极为率真。当时的我完全没有预料到，这个将与我携手共度一生的伴侣，会拥有像艺术家一样喜怒无常的性格。

据说犹彦是学校里最受欢迎的学生，我却对此毫不知情。每年毕业季，学校都会举办一项活动，即由低年级学生投票选出最受欢迎的毕业生。这简直就是一场人气大比拼。我的朋友告诉我，犹彦在这次人气投票中获得了第一名。投票的时候，由于我必须返回黎巴嫩准备大学入学考试，所以无缘参与。我在加拿大国际学校仅读到了高三（即十二年级），没能像他们那样正式毕业。尽管与犹彦道别让我感到难过，但我坚信我们还会再见面。分别时，他还特意写了一封信给我，倾诉着离别的伤感，并提到他想去机场为我送行。

回国　再赴英国读大学

回到黎巴嫩后，我参加了耶稣会学校——蒙拉萨勒神父学院（Collège des Frères Mont-la-Salle）为期三个月的暑期强化课程。与马里斯特·尚维尔学校一样，这所学校曾经也是一所著名的男校，但在内战之后开始接收女生。

我选择了数学作为我的主修科目，希望这一决定能让父亲感到高兴。当父亲得知我正在考虑从事与计算机科学相关的职业时，他显得尤为激动。虽然他嘴上从没明确表示希望我"子承父业"，但很显然在他心里从未放弃过这个可能性。于我自身而言，我渴望了解最新的技术，并探索它对科学界的影响。然而，鉴于黎巴嫩政局的不稳定，父亲建议我去哥哥所在的英国读大学。但我也有我的顾虑，因为我不敢想象将父母独自留在黎巴嫩可能会发生的事情。虽然理解父母为我着想的良苦用心，但那时国内各政党间武装冲突不断，去英国读书至少能让我在一个没有战乱的环境里安心求学。

1977年，父亲和姐姐趁着去伦敦参加哥哥乔治的婚礼之际，为我找到一所合适的大学而到处奔走。可惜的是，当时我得了水痘，无法参加哥哥的婚礼，因此错过了与他们一起寻找心仪大学的机会。母亲也因为要照顾我，而不得不缺席儿子的婚礼，这让我心里非常过意不去。

不久后，好消息传来，我被英国雷丁大学录取了。虽然我没有达到入学条件，但大学方面在查看了我高中老师的推荐信后，考虑到黎巴嫩正处于内战中，破例录取了我。大学方面要求我第一年必须通过所有科目的考核。在英国的教育体系中，第一年必须修三门课程，因此我选择了计算机科学、数学和心理学作为第一年的必修课程。当时，我的听力已经损失了约40%，因此我必须努力从听不清楚的单词中拼凑出有意义的句子，就像试图用缺失的碎片完成一幅拼图一样。

1980 年雷丁大学的毕业典礼

尽管我有身体上的缺陷，但我凭借不懈的努力，顺利通过了第一年三门必修科目的考试，并决定主修计算机。那时正是打孔卡编程盛行的年代，我虽没打算专攻计算机，却被这个领域深深吸引——它教会了我如何系统性地解决问题。当我以优异的成绩获得学士学位的那一天，我的心情无比激动。遗憾的是，我再也无法与已经去世的父亲分享这份喜悦了。

回想起在雷丁大学的求学时光，我发现与周围的同学之间并没有建立起深厚的友谊。与加拿大国际学校的日本学生一样，英国学生也比较内向，与他们相处并不容易。恰好大学里有一个庞大的留学生社群，其中有许多来自中东、希腊和拉丁美洲的留学生。我们互相扶持，共同排解对家乡的思念和在异国他乡的孤独感。由于宿舍提供的英式料理味道比较清淡，所以我们经常聚在一起做饭。虽然我以前从未学过烹饪，但多亏了妈妈传授的独门秘方，我做的饭受到了大家的欢迎。

回顾大二大三的时光，我和一个来自土耳其的男朋友相恋了。他叫阿里，是一名机械工程专业的学生。阿里成熟稳重，诚实善良，对我关心备至。每当我陷入失去至亲所带来的悲痛中无法自拔时，他总会抽出时间来安慰和鼓励我。他还经常下厨给我做好吃的。校园里种满了雪松，让人不禁联想起黎巴嫩国徽上著名的黎巴嫩雪松，我俩就常常在绿树成荫的校园里静静地漫步。阿里对我非常关心，每当假期我无法返回黎巴嫩时，他总是邀请我去他土耳其的家中度假。

然而，随着我们交往的深入，我的家人开始因为我们之间的宗教差异而提出了反对意见。以前，我一直认为我的家人是开明豁达的，但事实却并非如此。家人们担心如果我俩在一起，我在政治和社会保守的土耳其能否过上幸福的生活。在我目睹了黎巴嫩穆斯林和基督徒之间上演的多幕悲剧后，我也能理解父母的担忧。

内战不仅加剧了不同宗教和教派之间的冲突，也激发了家人对异教徒的敌意。尽管如此，我个人并不希望以这样的角度来看待问题，始终与基督徒和穆斯林之间互相"敌对"的意识保持一定的距离。虽然我和阿里都不信教，但我们不能忽视家人的感受。最终，在双方家庭的压力下，我俩被迫分手，但我会永远珍惜他在我最艰难的时刻给予我的陪伴。

为了从与阿里的分手、黎巴嫩内战和父亲过世这一连串的打击所带来的悲痛中重新开始，我搬到了美国加州，开启了新的生活。我选择在靠近洛杉矶市中心的南加州大学攻读硕士研究生学位。然而，在20世纪80年代，该地区的治安状况并不理想，几乎每天都有暴力事件发生。因此，我又搬到了加州大学洛杉矶分校附近的一个社区。虽然这里靠近贝弗利山庄的高档住宅区，是一个安全舒适的地方，但我对洛杉矶这个现代化大城市却始终喜欢不起来。

通过在洛杉矶的生活，我渐渐发现自己更钟爱那些拥有丰富文化遗产的国家，比如英国。然而，当我得知自从父亲去世后，母亲一直过着郁郁寡欢的生活时，我非常担心母亲。于是，我决定搁置在美国的学业，重返黎巴嫩。当时我刚在南加州大学度过了几个月的时光。

返回贝鲁特

在返回贝鲁特之前，我一直考虑在贝鲁特找份工作，这样就能照顾寡居的母亲了。失去心爱的父亲后，母亲一下子苍老了许多，看上去比她五十五岁的实际年龄更显苍老。而且根据中东的习俗，服丧期间要穿黑色丧服，这装扮更凸显出了母亲的疲态。她似乎在失去丈夫后突然失去了活下去的动力。从她当时的精神状态看，很难想象她曾是一个那么精神焕发的人。

我深爱着我的父亲，他就像个圣人一样，对我关爱备至、呵护有加。每当我想起父亲时，都会情不自禁地轻轻亲吻一下父亲的照片。幸运的是，当我于 1981 年回到贝鲁特时，母亲的情绪逐渐好转，所以和她一起生活并没有觉得太辛苦。

回国后，我找到了一家位于阿什拉菲耶区的计算机公司工作。不巧的是，在我上班的第一天，战争突然爆发，导致公司就此关门停业。这件事再次让我深刻地意识到黎巴嫩局势的险恶，并且短时间内没有任何好转的迹象。于是，母亲建议我去日本继续学业，因为我的姐姐就在那里。想到又要把母亲一个人留在黎巴嫩，我感到内疚不已，所以一直犹豫不决。然而，母亲一直劝我放心去日本留学，说在黎巴嫩还有很多朋友和亲戚可以照顾她。

1976 年我们一家在日本期间，有幸遇到了来自瑞士的外交官丹尼尔·阿维奥拉（Daniel Aviola）。从那时起，我们和他成了朋友。或许是机缘巧合抑或是命运的安排，1981 年丹尼尔被派往贝鲁特工作。那时，他几乎每个周末都带着朋友来探望我的母亲。他是如此善解人意，就像我母亲的亲儿子一样，重新让母亲拾起了对生活的信心。而且他也很感激母亲给予他的关爱。事实上，他甚至称我母亲为"妈妈"。他多次冒着生命危险穿越绿线，即东贝鲁特（我母亲居住的基督教徒社区）和西贝鲁特（丹尼尔的大使馆所在区和以穆斯林为主的社区）之间的边界，前去探望母亲。

重返日本

我选择返回日本而不是回到洛杉矶有很多原因。首先，我在洛杉矶感到非常不安全，而且对都市生活也不适应。其次，我在美国没有一个亲人，总被一种举目无亲的孤独感所笼罩。相比之下，我对日本有着深厚的情感，如果回到日本，就能与姐姐一起生活。

回到日本后，我进入了大阪大学工学研究科攻读计算机科学的硕士学位。令我惊讶的是，该校的大部分教师英语水平并不高。不仅如此，学校还要求留学生必须学习日语。因为来日本大学就读的留学生，大多都获得了日本政府颁发的"文部省奖学金"。该奖学金规定，根据各研究生院所在地的不同，获得奖学金的留学生需要在大阪外国语大学或东京外国语大学学习半年的日语课程。由于我就读的学校位于大阪，所以我去了附近的大阪外国语大学学习日语。

如同加拿大国际学校的日本学生一样，大阪大学的学生也比较害羞和内向。但在这里，我结识了来自不同国家的许多留学生。大阪大学对留学生的管理非常严格。在各种规章制度限制下的留学生活，让我们更想家。英国人和日本人有很多相似之处，这两个岛国的国民都为自己国家灿烂的文化感到自豪。当然，这两个岛国也存在一些差异。英国更加开放自由，外国人在那里很容易融入当地的风俗习惯。而在日本，有时即使在同一个研究小组，彼此之间也互相介绍过，但我仍发现很难与同组的日本人沟通。显然，我并不是唯一遇到这种沟通障碍的人。

许多留学生常常因与寡言少语的导师之间产生误会而导致不及格。导师有权决定学生是否及格。对于那些与导师关系不融洽的学生来说，这种指导机制让他们头疼不已。在课堂上，老师既不会坦诚地表达对学生的期望，也不会对学生的表现予以任何反馈。这导致一些学生自认为做得很好，但事实上并非如此。

值得庆幸的是，我有一位对我关怀备至的助教——服部哲郎。他经常和我谈心聊天，关注我在学习和生活中所遇到的各种问题。在学术方面，尽管我的日语不是很流利，但由于大部分与计算机相关的文献都是用英语撰写的，我仍然可以独立开展研究。在生活方面，他热心地向我介绍了许多日本的文化和礼仪。在他的帮助下，我对日本导师对我的期望有了更清晰的认识，并且与导师和实验室成员之间的沟通也变得更加顺畅。

与犹彦重逢

自从回到日本关西，一想到能再次见到犹彦，我的内心就像小鹿乱撞一样兴奋不已。我们之间有着无数美好的回忆，因此我非常期待与他的重逢。在我离开日本那段时间，也就是从 1977 年到 1981 年，我们一直通过书信保持联系。1977 年，犹彦自神户的加拿大国际学校高中毕业后，赴东京在其叔父、能乐大师梅若万三郎二世门下学习能乐，期间还顺利取得了上智大学比较文化学部（现为国际教养学部）的学士学位。

当我拨通犹彦的电话时，他激动得难以掩藏他的兴奋，表示我们很快就能见面了。果然，此后每次他来关西探望他的母亲时，都会趁机约我见面。他的母亲住在离我大学不远的大阪府箕面市。箕面以其优美的自然风景而闻名。尤其是著名的箕面瀑布，秋天可以欣赏到漫山遍野的红叶。我们经常相约一起去探访深山尽头的瀑布，漫步在猴子出没的山路上，还品尝过当地著名的脆炸枫叶天妇罗。这些都留给我们许多美好的回忆。

除了箕面，神户也是我和犹彦经常游玩的地方。神户的六甲山是我最爱去的地方之一。站在六甲山山顶，俯瞰夜幕下的神户港，让我不禁联想起我的故乡黎巴嫩。犹彦深知内战带给我身心的伤害，以及与家人朋友分离的痛苦，他经常给予我暖心的安慰。看电影是我们共同的爱好，希区柯克、卓别林和弗朗西斯·福特·科波拉是我们都喜欢的导演。所以我们经常一起看电影，以此来治愈我内心的创伤。

一天，我们驱车行驶在阪神高速公路上，犹彦指着山上的一家医院说："如果你不答应嫁给我，估计我就要被送进那里了。"听到他这话，我简直震惊得不知道该说什么。可能他只是开个玩笑。平时，他也总是喜欢说些玩笑话。在此之前，我从未考虑过结婚的事情。我脑海中想的全是我必须完成硕士第二年的课程，一旦结婚，我就得搬到东京，无法继续完成学业了。

除去上述的原因，最重要的是，我还没有真正地了解过他和他的家人，婚姻对我来说似乎还很遥远。我都不记得我俩是否正式确立过恋爱关系。甚至于犹彦那时候曾有过一个家里安排的未婚妻，我都毫不知情。后来，我才知道原来那时他和未婚妻之间相处得并不融洽。犹彦对他的未婚妻以及他们之间的关系，甚至他以前交往过的女友也都守口如瓶，从未向我透露过半分。直到很久以后，我才从他母亲那里得知他曾经有过未婚妻。

面对梅若一家　走进婚姻

出身名门的能乐演员往往对自己的家族感到无比自豪。大家都期望他们将毕生都奉献给艺术，因此这些家庭并不那么重视孩子是否接受高等教育。虽然有这样的家族传统，但犹彦的求学之路却与这一传统大相径庭。他热衷于阅读德国、俄罗斯、法国和日本的哲学和文学著作。正是因为这一点，我深深地被他吸引。这让我想起了我的父亲，他也是一个热衷于阅读的人。

那时候，我只见过犹彦的母亲罗莎和他的弟弟。罗莎展现出了非凡的个性和与众不同的风采，例如，她不喜欢穿和服。可能受她时髦的母亲的影响，罗莎偏爱穿着西式套装，搭配时尚的帽子。据说在第二次世界大战期间，她甚至千里迢迢从法国订购了一张床。年轻时，她酷爱骑摩托车，享受随心而行的自由；她也爱滑冰，沉醉于冰雪带来的乐趣。她不仅在珍稀香水和古董收藏上展现出高雅的品位，还对日常使用的器皿非常讲究，只选用瓷器和水晶玻璃器皿。此外，据说她曾经经历过两段婚姻，甚至她的名字，在日本也非比寻常。罗莎的父亲精通英语、法语等多国语言，既是一位从事贸易的商人，又是一位古董收藏家。这一切或许都与罗莎独特的兴趣爱好有关。

经常有人问我："你是怎么得到犹彦家认可的？"其实在

上学期间，我的大学离犹彦母亲住的地方很近，所以我经常带着她最喜欢的巧克力去她家做客。虽然我不确定罗莎对我有何看法，但我可以感受到她在我和犹彦的婚姻中所付出的努力。或许这与我们从小都在天主教家庭中长大有一定关联。

犹彦有两个同父异母的哥哥和一个弟弟。弟弟当时正在美国俄勒冈州立大学攻读物理专业，为人非常友善，和他用英语交流让我感到轻松自在。一个哥哥名叫梅若盛义，是犹彦同父异母的兄长，后来继承了"梅若吉之丞"的称号。我虽见过他几次，但大多数情况都只是在剧场简单地问候一下。另一个哥哥名叫梅若正义，也是犹彦同父异母的哥哥，我曾经在盛义的追悼会上见过他。他现居美国，是一位电影演员，曾用艺名"梅若正二"主演电影《赤胴铃之助》而广受赞誉。尽管我对他的电影演员生涯和国外生活非常感兴趣，但由于会场太嘈杂，不曾与他进行深入的交谈。

有一次，当我陪同犹彦进行能乐表演时，他向我介绍了他的叔叔梅若万三郎。我还记得那时我向叔父深深地鞠了一躬，但他并没有像我想象中那样给予热情的回应，似乎对我毫无兴趣。他的沉默，以及周围压抑的氛围让我感到有些局促不安。尽管我知道这并非针对我个人，因为梅若家的人不仅对我如此，他们彼此之间相处得也比较拘谨。当然了，虽然与叔父相处时非常拘谨小心，但和他儿子万纪夫、女儿万佐晴相处时就会稍微轻松一些。每次在能剧场碰面时，我们都会彬彬有礼地互相问候。犹彦并不在乎我们的婚事是否能获得他家人的认可，因此没有将我正式介绍给其他亲戚。对我来说，他的亲戚们我都比较陌生。这与黎巴嫩处理姻亲关系的方式截然不同。在黎巴嫩，结为姻亲的一方通常会邀请另一方及其家人来家里吃饭，以此表示欢迎新的家庭成员。

当犹彦向我求婚时，我曾担心自己无法适应一个与母国迥异的文化，并且对犹彦和他们家族的价值观知之甚少。在一个自十五世纪以来通过父子相传来传承文化的古老家族中，我不清楚我该扮演何种角色。这个家族所拥有的厚重的文化底蕴，让我感到无所适从。我向犹彦吐露了我的顾虑。犹彦在了解了我的担心后，写信给我道："你无需担忧能乐的世界，因为它实际上并不存在，本身也没有任何实际的意义。即便它存在，也不具备任何真正的力量。我们一起缔造的二人世界才是一切的中心。"当读到犹彦的来信时，我不禁被他许下的承诺所打动。

当人们坠入爱河时，总是相信自己能够应对一切困难。犹彦不仅为人风趣幽默，而且谈吐优雅、思想深邃，与他聊天总是充满乐趣。如此魅力四射的他，着实让我无法抗拒，我们彼此深深地吸引着，陷入了爱河。他十分关心我的感受，每当我思念家乡的时候，他就会带我去登山，或请我吃美食（他是一个伟大的美食家）。他那如禅僧般淡定的气质给我留下了深刻的印象，恰好平衡了我内心犹如地中海般激情四溢的性格和阳光般明亮温暖的天性。

虽然一想到将要与他一同步入历史悠久的能乐世界，我就感到焦虑不安，但有机会与犹彦共同探索这个未知而古老的领域，却在我心中激起了一丝莫名的兴奋。最终，我们在 1982 年步入了婚姻的殿堂。

第二章

邂逅能乐

摄于 1982 年订婚时，在箕面梅若家的能舞台（摄影：妹妹宝琳）

1 被赋予的传统和使命

痴迷能乐

能剧是迄今仍在上演的、最古老的传统戏剧之一。这种综合了舞蹈、音乐、戏剧和故事的艺术表现形式最早可追溯到公元十四世纪。我第一次接触能乐是在 1974 年，那时我十六岁，与家人第一次来到日本。起初我对能乐一无所知，但对这一精妙绝伦的古典艺术"一见钟情"。这种感觉难以用语言来表达，我深深地被能乐的静谧之美与幽雅的曲调所吸引。我目不转睛地注视舞台，仿佛已穿越时空，置身于古代日本的世界。虽然我与姐姐玛丽·罗斯一起欣赏过诸如歌舞伎、文乐和日本舞等其他日本传统表演艺术，但没有任何一种艺术像能乐一样深深触动我。

当外国人欣赏能乐时，他们常常被其华丽的服饰和优美的面具所吸引。然而，我不仅对这些元素感兴趣，更让我印象深刻的是能乐本身那庄严的气氛。能乐表演者通过缓慢的动作与饱满的情绪之间的对比，展现出无尽的魅力：每一个动作都经过精心打磨，营造出一种庄重而平和的氛围；每一个举手投足都散发着能乐师从容优雅的气质（后来，我了解到这些都源于能乐中"幽玄"和"妙"的理念），这些都让我无比着迷。

"幽玄"这一概念源自老庄思想，用来形容"从万物以及人类的痛苦中所感受到的悲壮、隐秘而深远的美感"[1]。其中，"幽"是指"隐而不露的、非合理的、难以言喻"。而"玄"则表示"深奥"，也有"辨别不清"的意思[2]。"妙"则指观众和表演者之间产生的互动和一体感，这正是我第一次欣赏能乐时所感受到的。

每当我向他人表达我对能乐的喜爱时，他们总会感到惊讶。毕竟，连日本人自己都认为这是难以理解的艺术形式，作为一个外国人，我又怎么可能理解能乐的精髓呢？每次遇到这种质疑，我总是告诉他们，先试着感受一下能乐所独有的静谧、优雅和富有诗意的情节吧。然后更重要的是去感悟能乐表演者所传递的情感。在某种程度上，这类似于我们即使对歌剧或其历史知之甚少，依然可以欣赏歌剧演员的表演一样。能乐深深吸引着我，带我进入一种难以言表的愉悦境界。

犹彦和能乐

直到婚后我才真正融入能乐的世界。当我第一次作为能乐师的妻子陪伴犹彦前往能乐堂时，他就告诉我"在这里，需

---

[1] Ortolani, Benito, *The Japanese Theatre*, Princeton University Press, 1995.
[2] 世阿弥:《风姿花传》，岩波文库，1958 年。

要跟在我身后，保持三步远的距离"。听到这句话时，我简直不敢相信自己的耳朵，但我也不得不提醒自己，这就是我丈夫必须遵循的传统。在经历过许多类似的事情后，我对能乐幕后世界有了些许的了解，并逐渐明白了台前幕后的各种规矩和森严的等级制度。作为唯一一个嫁入名门的外国人，我意识到自己必须学会像日本人那样拥有"如实地接受一切事实"的智慧。

然而，并非只有我一个人要以毕恭毕敬的态度对待能乐师。当地位较高的"仕手"① 来到后台时，其他能乐师都得向其鞠躬，甚至要弯下身体近乎九十度，感觉头都要碰到地板了。这一幕引起了我的兴趣。我惊讶地发现，即使是年长的能乐师，如果对方的地位比自己高，也必须遵守这一惯例。这场景简直就像黑泽明导演的《七武士》等日本电影中出现的主君与武士之间的寒暄礼节一样。

自江户时代以来，国立能乐堂后台的布局一直保持不变。当你进入后台时，首先看到的是"仕手"和"仕手方"② 的更衣室，然后是"地谣"（合唱团）、"胁"（配角）、狂言（喜剧演员）的更衣室，最里面的是囃子（乐队）的更衣室③。

---

① 仕手：能剧的主角，日语称为シテ、shite。——译者注
② 仕手方：有主角资格的演员，シテカタ，shitekata。——译者注
③ 这似乎与演出前乐队需要烘烤大鼓的鼓皮这一做法有关。

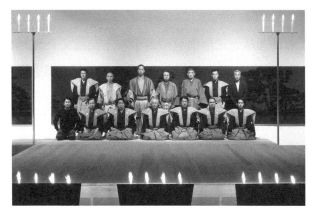

2001 年在纽约迪亚艺术中心举办的名为《屋岛》（弓流·素动）[1] 的能剧演出。演出结束后，由舞台设计杉本博司拍摄的合影。©Hiroshi Sugimoto/Courtesy of Gallery Koyanagi

有时我能接受这些惯例，但有时我实在难以接受。有一次，我丈夫用英语对我说"不要顶嘴！"吓了我一跳。起初，我以为他是在开玩笑，却没想到他是认真的。那个刚认识时温柔的男人已经不知所踪，取而代之的是一个说什么都听不进去的

① 弓流是能乐《屋岛》表演中"小书"的一种表演形式。能乐表演有两种特殊的形式，一种称为"替"（kae），另一种称为"小书"。能够获得家元许可的演出称为"小书"；无需家元的许可，仅仅变换装束的演出称为"替"。
《屋岛》这段能乐表演选段讲述的是源氏与平家的屋岛之战中，源义经不慎将弓掉入海中，义经为了保全名誉，在战斗中奋不顾身取回漂至敌船附近的落弓。该选段演出时通常不包括音乐伴奏，演员在表演时会用一把类似弓造型的扇子来比作弓。表演抬弓场景的"小书"称为"素动"。——译者注

"暴君"。

　　我曾试图从理论层面解释这个发生在我丈夫身上的意想不到的变化。我对于一个所谓有教养的人为何说出这样的话感到困惑。难道这是他内心深处的自卑感在作祟？他是否缺乏对女性的尊重？为何他要试图控制我？并且，为什么他在婚后突然发生了转变？多年来，我一直在思考，至今仍未得出答案。但我对他的控制欲做出了一个假设。由于我们年龄相仿，我天生性格比较强势，这导致他对我在二人关系中处于主导地位抱有戒心。

　　每当我尝试理解犹彦态度的转变时，我的朋友们都表示困惑不解。由于我对心理学及人类行为的研究颇感兴趣，我不禁将他的成长经历与这一转变联系起来，以更好地了解他。在能乐的学徒及其世界里，弟子是不允许向师父提问的。这种人际关系扩展到一般人际交往也不难理解。对于犹彦来说，与他敬重的老师，即他的父亲顶嘴是难以想象的。（据说犹彦的父母也有过争吵，或许这也与那个时代背景有关，但在能乐世界中，是不允许女性顶嘴的。）

　　能乐大师专注于完善艺术技巧，这成为他们整个世界的核心。从语义上来看，"能"代表了一种"至高无上的成就"或"极致的艺术表达"。犹彦的父亲梅若犹义被业内人士誉为"真正的大师"。作为他的儿子，犹彦无疑承受着巨大的压力。然而，不幸的是，犹彦的父亲在他年幼时便去世了，留下了未能接受充分专业训练的犹彦。尽管如此，他内心深处对父亲的尊敬仍驱使他努力追求自己的理想。能乐界严苛的要求以及童年时期父亲的期望给犹彦带来了沉重的思想负担，同时，我们的儿子犹巴也未能逃脱父亲对他的高要求所带来的影响。

临床心理学家劳拉·马卡姆（Laura Markham）及其团队的研究表明，接受过严格教育的孩子比未经严格教育的孩子更容易出现情绪波动。尽管犹彦在很多场合都保持平静的外表，但我认为在他的内心深处，他深受他父亲和能乐艺术对他较高期望的影响，这可能是导致他情绪不稳定的原因之一。在接受凯瑟琳·大野（Catherine Ono）的采访时，犹彦提到他曾怀疑过自己作为能乐师的水平。然而，通过一次次成功的演出，他战胜了这种自我怀疑。他认为，如果没有这些关键性的历练，他可能早就离开了能乐界。能乐师的一家人可能几代人都要承受类似的高压生活。或许正是这种经历塑造了他们的世界观，并影响了他们与周围人，包括爱人和孩子的关系。

父亲犹义的影响

犹彦的父亲兼老师——犹义——过着往返于东京和大阪箕面之间的生活。在东京，他得到了三井八郎右卫门先生（一位旧财阀家族的后代）这位热心弟子的大力支持。另一方面，以箕面为基地，梅若会①在全国范围内开展了能乐巡回演出。犹义的家里就设有华丽的能舞台和铺着软垫的座位，最多可以容纳两百名观众观看能乐表演。犹彦是犹义第二次婚姻时的长子。他的父亲喜欢走到哪儿就把他带到哪儿，对他十分宠爱。

犹义和犹彦，照片上是犹彦的"初舞台"，当时犹彦三岁

　　小时候的犹彦可谓是一个名副其实的淘气鬼。他曾经在神圣的"镜之间"的镜子上用油性笔涂鸦。然而，作为犹义的儿子，自然没人敢责备他。父亲犹义对儿子的恶作剧选择视而

----

① 梅若会旨在对传承了六百多年的日本传统表演艺术——能乐——进行普及与推广。该组织由梅若实创建，直至今日，梅若会在保持能乐精髓的前提下，不断与时俱进，进行了一系列的革新。该团体以"人间国宝"梅若实为中心，在观世流派中，梅若家的表演具有其独特的优雅艺术风格。——译者注

不见，也许考虑到将来严格训练他时再想办法纠正吧。

　　巧合的是，犹彦的父亲和我父亲一样，都在六十岁的时候便撒手人寰。随着他父亲的去世，犹彦的情况发生了翻天覆地的变化。在接受阿纳斯塔西娅·爱德华兹（Anastasia Edwards）的采访时，犹彦表示："我十五岁时，父亲就离开了我们，年仅六十岁。对能乐界来说，这实在太过年轻了。失去父亲意味着失去了一位老师。"在文章中，爱德华兹对此评论道："失去了父亲，也就失去了在能乐界获得父亲传承下来的复杂政治和职业上的各种机会和人脉关系，尽管他拥有梅若这个姓氏，以及其背后家庭的支持，但在情感上他是孤立无援的。"[1]

　　即使身处失去父亲的悲痛之中，犹彦仍没有放弃积累能乐演员的表演经验。或许他认为这样做可以保留对父亲的记忆，并将父亲留下来的东西发扬光大。此后，犹彦由叔父梅若万三郎（二世）传授技艺。但对于犹彦来说，最好的、也是唯一的师父仍然是他的父亲犹义。

　　犹彦通过反复观看揣摩父亲表演的录像，希望以自学的方式追求极致的表演身段——"所作"。这段珍贵的记录最初保存在索尼的磁带上，后转换为 VHS 视频格式，之后又储存

---

[1]　"The tragic Torment of a Tortured King Unmasked", by Anastasia Edwards, *South China Morning Post*, Dec, 1998.

在 DVD 光盘中。此外，犹彦还向犹义的徒弟学习父亲的"型"[1]和"谣"[2]。

对于犹彦来说，手边能有一本详细记录能乐编舞的"型付"[3]秘籍是一件非常幸运的事情[4]。这本秘籍详细描述了能乐表演时所需使用的各种类型的"型"，这是成功的表演所不可或缺的。"型付"与能本身一样具有悠久的历史。"当幕府指定能乐为典礼仪式专用的官方'式乐'时，幕府将军德川家光就制定了'型付'规范，所有表演程序和细节都有严格的规范，以禁止任何偏离规范的行为。"[5]

父子相传的"型付"从不对公众及一般弟子公开。但庆

---

[1] 能乐中将固定的表演手法称作"型"。——译者注

[2] 能乐包括声乐和器乐，声乐称为"谣"，由地谣歌唱，器乐部分的演奏乐器包括笛子、小鼓、大鼓、太鼓。一人操一器，此四人合称为"囃子方"。与仕手方的地谣一样，囃子方也起到表达心情、描写情景的作用。——译者注

[3] 在能乐中，表现哭泣时用"萎"（发音为 shiori）这个动作。也就是将左手或者右手搭在面具前做哭泣的姿态。表现痛哭时双手搭在面具前，叫作"双萎"。这看似是一种象征性的表现手法，实际上是对哭泣这种生理现象的一种概括与提炼。能乐称这种具有程式性的表现手法为"所作"，记录"所作"的书籍叫作"型付"。参见傅谨、单跃进主编：《传承·创造·生命——李玉茹与 20 世纪下半叶京剧创作演出学术研讨会论文集》，文化艺术出版社，2012 年，第 217 页。——译者注

[4] 这本秘籍由初代梅若万三郎手写而成，共 5 册收录了近 200 部能剧，另附有大习小习卷和重习卷。这些都传给了犹义。

[5] Rath, Eric C., The Ethos of Noh: Actors and their Art, Cambridge: Harvard University Press, 2004, pp.190-214.

幸的是，梅若一族中学习能乐的人通过研读这本指南书，能够接触到大量关于能乐"型"的信息，使他们能在能乐界脱颖而出（虽然并非人人都如此）。对犹彦而言，"型付"是一份珍贵无比的宝藏，如果遇到灾难只能带一样东西，他会毫不犹豫地选择它。

犹义过世后，犹彦无法再继续享受过去奢华的生活。尽管他可以留在箕面，并在父亲留下的能舞台上教授能乐，但他却冒险搬到了东京，希望融入那里更为活跃的艺术圈。起初，他靠给徒弟授课来维持生计，同时通过参与家族成员（叔叔、堂兄弟）的演出来获取一些报酬。然而，能乐的演出成本很高，有时甚至以亏损告终，收入微薄。演出所得必须用于支付能乐堂的租赁费、能乐演员和胁方、囃子方（乐队）、狂言演员的出场费以及服装租借费。

尽管能乐现已被指定为人类非物质文化遗产，并且一部分能乐演员被授予备受尊敬的"人间国宝"的称号，但目前日本公共机构对能乐提供稳定支持仍有困难。在赴海外演出时，可以得到日本国际交流基金会的补贴和相关艺术文化促进基金的支持。与同样是传统表演艺术的歌舞伎不同，歌舞伎的演出一直由松竹株式会社承办，但大多数能乐表演并未采取这种形式，能乐演员也不像歌舞伎演员那样登台就能领取工资。

因此，大部分能乐演员不得不依靠自己的努力来在竞争激烈的世界中立足。犹彦也是如此。尽管没有任何后援，但他仍决心将传统艺术传承给后代，毅然投身于能乐事业。另一方面，我也本可以继续我的计算机专业，追求自己的职业生涯。但我决心与犹彦一道致力于发展能乐事业，以确保家族的传统不会因我们而中断。因此，推广能乐成为我们共同追求的目标。

2　重塑与超越：追求变革的探索

能乐世界的"规矩"和我们夫妇俩

有一位朋友告诉我，她和她的朋友们曾预言我和犹彦的婚姻不会超过一年。因为她们认为，作为一个外国人，我将无法忍受古典表演艺术世界中那些繁冗的"讲究"和规矩。犹彦的一些亲戚也持有相同观点。然而，他们都不曾预料到，我们的婚姻已经持续了三十七年之久。

作为一名能乐演员的妻子，我自然需要遵守传统礼仪，言行举止都要得体。然而，我的丈夫犹彦和婆婆罗莎并没有苛求我在每一个细节上完美无瑕。就算有人提醒我应该学会如何体面地寒暄，犹彦甚至还对此抱有异议。令人欣慰的是，他让我随性而为，没有把烦琐的礼仪规矩强加给我。或许，他的做法源于他父亲对母亲的尊重与理解，他父亲从未对母亲在能乐堂上的表现指手画脚。他不关心外在的体面，也不在乎别人看待我们的眼光。他所关注的是将能乐推广到全世界，并为此付出不懈的努力。

话虽如此，在刚结婚的时候，每次犹彦上台演出，我都竭尽全力证明自己也能融入这个世界，因此开始穿和服陪同他演出。能够穿着和服得益于他的徒弟们的悉心帮助，特别是松本先生和中川先生，他们精心为我挑选适应季节的和服，教我如何穿戴以及如何优雅地行走。有时，他们甚至会借给我自己的和服。那时，我们并没有多余的钱去定制和服。我个子娇小，且头发颜色与日本女性相似都是深棕色，所以我很适合穿和服。但即便如此，我仍然是大家关注的焦点。无论走到哪里，我都能感受到别人投来的目光。虽说被关注是一种有趣的经历，但随着时间的推移，我意识到生活中还有更多有意义的事情需要去做，而不仅仅是穿和服、说敬语和协助丈夫整理戏服等琐碎的事情。相比之下，向公众宣传和推广能乐才更显得意义深远。

我相信犹彦一定听说过那些对我的流言蜚语和批评之词，但他从未向我吐露过。相反，每当有人夸赞我时，他总会立即告诉我："有人说你是个好人哟。"然而，这并不意味着我从未听到那些闲言碎语，而是我选择不去在意它们。即便我的礼仪表现十分完美，我也无法完全被能乐界接纳。况且，我明白自己永远无法完全被日本社会所接受。

对我而言，学习诸多的礼仪规矩并不难，但很难接受一些日本女性在古典表演艺术中过于顺从的行为。她们中的一些人通过使用尖细的声音来凸显自己的女性特征，然而这听起来让人并不怎么舒服。虽然说话要彬彬有礼是好的，但我不愿为了礼貌而牺牲以诚待人的初衷和语言表达的清晰度。人们在使用敬语时，常常套用固定的模式，带着极度谦逊的态度进行交谈，而这显然不符合我的风格。因此，我决定不使用敬语。因为我认为这才是保持个性和与他人坦诚相待的最佳方式。

正是通过这样的方式，我选择保护自己的思想免受周围的无形压力影响。然而，我必须为此付出相当大的代价。同时，我并不认为自己完全融入了这个国度，因此我经常会哼唱弗兰克·辛纳屈（Frank Sinatra）演唱的《我的路》（My Way）来安慰自己。

尽管犹彦告诉我不必过于担心，但我从未曾想过应对推广能乐这项艰巨任务所需的心理准备。每次公演活动都要租用拥有近六百个座位的国立能乐堂，而观众的上座率问题也令人头疼。犹彦同父异母的兄弟盛义及表兄弟万纪夫都拥有众多弟子和粉丝，在吸引观众方面具备优势，但犹彦却不愿意在他们主演的剧目中出演，这进一步加大了难度。

犹彦出身于历史悠久、传统绵延的梅若家，是观世流 [①] 的能乐师，虽然当时名气不大。那时我们刚搬到东京，身处这个较为封闭的能乐界，没有任何人脉可以依靠。此外，我婆婆住在神户，也无法给予我们什么帮助。在下一章中，我将谈及婚后育儿的事情，当时我的女儿 Solaya 还小，而且我又怀上了第二个孩子。仅凭犹彦和他父亲的几个弟子的努力，想在东京打开局面几乎是困难重重。那时，我们真的面临着巨大的困境，一筹莫展，不知道今后的路在何方。

向外国人推广能乐

万事开头难，但我始终坚持让更多的人了解能乐的魅力。首先，我面临的挑战是如何提高剧场上座率。为此，我开始策划在日本亚洲协会、东京美国俱乐部、东京浸信会教堂、东京联合基督教会等地，组织以英语为主要语言的能乐演讲和演出活动。在这些地方，人们可以向犹彦这样的专家学习日语，进而对日本文化产生兴趣。这使得观众中不断涌现出对日本文化感兴趣的外国人。

---

① 日本能乐主要有五个流派，被称为"能乐五流"，分别指观世流、宝生流、金春流、金刚流、喜多流。"仕手方""胁方""狂言方""囃子方"这些能乐演员都可以称为"能乐师"。——译者注

幸运的是，当时的黎巴嫩驻日本大使萨米拉·达哈尔（Samira El Daha）非常欣赏日本文化，尤其对能乐产生了浓厚的兴趣。她多次邀请我们参加在大使官邸举行的晚宴。其中我记忆深刻的是 1986 年的一次晚宴。当时我怀着儿子犹巴，正处于孕晚期，但我还是尽力将身子塞进和服，参加了有日本皇室常陆宫夫妇出席的正式晚宴。美国驻日、德国驻日以及伊拉克驻日大使也都在场。萨米拉大使为了让我们有机会结识这些驻东京外交要员和其他贵宾费尽心思。而这些政要及他们的朋友后来都成为犹彦演出的忠实观众。

外国政要和外交官对受邀观看犹彦的表演非常高兴。因为在此之前，他们真的不知道如何体验能乐的世界。当我看到朋友们对能乐越来越感兴趣时，我决定把能乐堂的贵宾室给利用起来。这个地方一直被禁止外人进出，很少有人使用。虽然寄送带有个性化信息的邀请函花费了我不少时间和精力，但它被证明是吸引那些表现出特别兴趣的客户的有效方法。起初，婆婆不理解为什么要邀请这样的客人。但后来她逐渐意识到，这些被能乐所深深吸引的观众在邀请犹彦出国演出方面起到了重要作用。

虽然如此，要在能乐界中做出改变并非易事。有时候，我会觉得犹彦一家和其他能乐师并不将我视作这个世界的一员。而这也体现在他们很难理解增加外国能乐爱好者数量的重要性上。为了让外国观众更容易理解演出剧目的内容，我们采取了分发英文简介的措施，尽管这也颇费周折。发放英文简介，可以帮助外国观众更好地理解剧情，从而在欣赏能乐表演时发挥自己的想象力。然而，除了犹彦的家人外，还有一些人无法理解其背后的意义。甚至有人给犹彦打电话抱怨我们发放剧目的英文简介（更令我们惊讶的是这里面竟然有外国人）。或许社会上存在一种倾向，认为外国人是否能够理解能乐并不重要。

向日本人推广能乐

我希望不仅向外国人推广能乐，还要让更多的日本人了解这门传统的表演艺术。在大使馆的招待会上，我经常有机会与身着和服的优雅女性交谈。我认为她们一定会对能乐产生兴趣。尽管能乐不如歌舞伎那样受欢迎，但我仍然怀揣着推广它的希望。然而，每次交谈完后我却失望地发现，大多数女性对能乐并没有任何兴趣。她们对古典音乐、歌剧以及其他舞台剧和娱乐项目（包括花道和茶道等传统文化）更感兴趣。她们告诉我，在高中的修学旅行中曾观看过能乐表演，但一方面因为能乐的内容难以理解，另一方面由于其节奏过于缓慢，让人感到无聊。

令人惊讶的是，尽管以能剧为代表的日本文化一直是日本引以为豪的传统文化之一，却直到最近才开始在学校中讲授。2008 年，能乐被联合国教科文组织列入"人类非物质文化遗产代表作名录"，其中包括狂言在内 [①]。我想这种非物质文化应该成为学生理解日本文化根源和自我认同的重要契机。我希望日本学生能像学习莎士比亚一样，深入了解世阿弥·元清的美学及其作品的丰富内涵。世阿弥的能乐理论早于莎士比亚二百年，因此他有时也被称为"日本的莎士比亚"。这两位伟大艺术家的戏剧作品在丰富的诗意化情感等方面有着某些共通之处。如果能加强学生对艺术和文化遗产的理解，他们不仅会为自己国家所拥有的灿烂文化感到自豪，而且在与外国人进行交流互动时，也将更具有文化自信。根据我的经验，只有当日本人对自己的文化产生兴趣时，他们才会意识到文化遗产的重要性。

我很高兴看到一些能乐师逐渐意识到向外国人推广能乐的积极意义。因此，他们更加努力为外国人提供英文解说，并且国立能乐堂也安装了小型液晶屏幕来显示英文字幕。在此影响下，其他的能剧场近期也纷纷采取了类似行动，例如分发可显示英文字幕的平板电脑。此外，像梅若能乐堂等机构经常定

---

① 现在狂言有两种表演形式，一种是狂言的单独公演，另一种是穿插在能剧之间，为其增添滑稽元素的"间狂言"。与能不同，狂言是由一种内容简单、即兴表演的喜剧发展而来的。

期举办向外国人免费介绍能乐的工作坊。所有这些举措都有利于促进能乐在国际上的宣传和发展。

3 能乐舞台的幕后

夫妻间的距离

我的朋友们对我如此热衷于推广能乐和积极宣传犹彦的演出感到非常惊讶。当然，有些人可能认为我是在炫耀，但这不过是我支持丈夫的方式。犹彦几乎把整个人生都奉献给了能乐，并通过日复一日严苛的训练将自己的艺术修养努力提升至极限。例如，他每天至少花两个小时进行站立冥想，这在能乐界并不常见。他告诉记者"我试图通过冥想来掌握能的心态、身体、姿势和内心活动"[①]。犹彦每天坚持冥想，希望以此在舞台上展现独特的存在感。他还表示"对我来说，冥想是一种对虚无的投入。要做到专注是很难的，但我相信这就是能乐的本质"[②]。

[①] "Noh master calling U.K.college alumni", by Angela Jeffs, *Japan Times,* July 2, 2000.

[②] "Don't Underrate the Power of Traditional Culture: Noh Actor", by Hiroko Ihara, *The Japan News by The Yomiuri Shimbun*, Aug.3, 2014.

此外，犹彦非常注重保持身材。因此，我也很节制饮食，以免体重增加。在控制饮食的同时，保持健康也很重要。每场演出都必不可少地需要穿着厚重的戏服并戴着假发进行表演。有时候仅戏服就超过十千克，而且根据演出剧目的不同，需要一小时甚至更长的时间才能脱下戏服。

某一天，精通能乐表演"所作"的犹彦应邀出演电视剧《广岛》(*Hiroshima*)[①]。他在剧中饰演昭和天皇一角，并为昭和天皇配上了台词。荧幕上出现带有台词的昭和天皇，这在历史上尚属首次。据导演透露，选择犹彦是希望他能将能剧表演中独特的威严和沉着感带入这部作品中[②]。回顾自己出演这部剧的经历，犹彦表示："这是一个需要谨慎对待的角色。"受到"动作越少越好"这一能乐训练宗旨的启发，犹彦在扮演昭和天皇时把身体动作减少至最低限度，这对于表达昭和天皇的内心世界起到了很大的帮助[③]。

---

① 这部剧是由日本、加拿大、美国三国于 1995 年合拍的一部电视电影，导演是藏原惟缮和罗杰·斯波蒂斯伍德。本剧以详尽的史实和鲜为人知的、大量的历史镜头，真实地再现了第二次世界大战末期美国决定向广岛和长崎投放原子弹的决策过程。

② "Breaking a taboo to portray Hirohito", *Los Angeles Times*, May 2005.

③ "Why a Noh Master said yes to a movie role", by Susan Tsang, *News*, 1995.

1995年，在原子弹轰炸日本50周年之际拍摄的电视剧《广岛》（*Hiroshima*）。该剧中昭和天皇首次配有台词演出。因此出演该角色的梅若犹彦也受到好评

在现实生活中，我们有时候也会发生一些小的争执。犹彦有时候会自视甚高，仿佛是一个高高在上的国王或皇帝。每当这个时候，我开玩笑地称他为"我的帕夏"①。起初，我被他顽皮、开朗和善良的一面所吸引，但他也有挑剔的一面。如果要

———————————

① 奥斯曼帝国时，"帕夏"用于称呼帝国高级文武官员。

说他情绪容易波动，我想他自己也不会否认。作为一名艺术家，犹彦时常陷入焦虑的情绪，其实对很多艺术家来说这都是家常便饭。每当演出临近时，他喜欢独处，以此来集中精神。他拥有独立的个性，对他来说，远离他人独自思考尤为重要。我记得有一次犹彦曾引用黎巴嫩诗人纪伯伦·哈利勒作品中的一段话，来向我解释保持距离的重要性。

纪伯伦在著名的《先知》这部作品中的"论婚姻"这一节写道：

你们一同降生，你们将永远相依。

当死神的白色羽翼驱散你们的日子，你们也应在一起。

……

但在聚首中你们要保留空间，

让空中的风在你们之间飞舞。

彼此相爱，但不要让爱成为束缚；

……

一起欢歌曼舞，但要保持各自的独立。

……

站立在一起，但不要靠得太近；

因为殿宇的支柱总是彼此分立的，

橡树和松柏也不在彼此的阴影下生长。[①]

起初，我对这种爱情观持保留态度。对我而言，与丈夫建立像伙伴般亲密的关系非常重要。我认为一个人能够控制自己的情绪，并与配偶保持一定情感上的距离是非常令人钦佩的。我知道艺术家常常有些古怪，以自我为中心。无论一个人多么希望保持独立，与丈夫保持一定的距离均非易事。我始终在身边默默地支持他，在他身边尽职尽责，理所当然地也希望他能以同样的方式支持我。

经过这么多年，我渐渐意识到彼此之间保持合理距离的重要性。现在，在大型演出前几周，我都会尽可能给他足够的个人空间。我知道为了一场成功的演出，他需要进行全方位的身心准备，这是非常困难的。犹彦不仅扮演"仕手"，还负责导演整部剧。尽管舞台上还有其他能乐师，但作为领唱和乐队指挥，统筹所有演员的角色，对演出的成败至关重要。在歌舞伎中，大多数演员在演出季的某个剧目中担任固定角色，但能乐的表演方式则不同，演员的表演是一次性的。因此，每一次都必须是完美无误的，这给"仕手"带来了巨大的压力。演出结束后，我曾掂量过那些被汗水浸透的戏服的重量，足以窥见

---

① ［黎巴嫩］纪伯伦：《纪伯伦散文诗全集》（全译典藏版），伊宏等译，商务印书馆，2016 年，第 9 页。——译者注

这无形的压力有多么沉重。

"老派守旧的人"

在能剧《道成寺》和《葵上》中，常有一个头上带角的"般若面具"的角色。这通常代表着一个受到嫉妒、怨恨折磨而变成鬼的女性形象。般若面具是现存百余种能面中最为惊悚的一种，以其可怕的面容而闻名。

在日本历史上，尤其是平安时代，嫉妒被视为女性的不端之举，并受到谴责。男性有权娶多个妻子，而违反这一制度的女性会受到律法的处罚。公元 701 年颁布的《大宝律令》首次将佛教思想引入日本的律法和道德规范中，其中规定女性的嫉妒是离婚的正当理由。当时知名的僧人和儒者教化民众，将善嫉视作妇女的不道德。然而，并非所有的女性都能控制自己的情绪[1]。即使到了明治时代，人们仍然认为女性应抑制自己的嫉妒心，接受丈夫在外面有其他女人的事实。

我无法接受的是，能乐艺术家以及与之相关的人认为男人有外遇是理所当然的，至少将其视作可容忍的行为。虽然这种观念在整个社会中很常见，甚至在日本以外的其他国家也经常发生。能乐师拥有大批的粉丝，与粉丝之间时常发生桃色事

---

[1] Bargen, Doris G., *A Woman's Weapon: Spirit Possession in the Tale of Genji*, Honolulu: University of Hawaii Press, 1997.

件。对于那些涉及女性的事件，我无法接受人们常用"那人是老派守旧的人"这样的借口来为这种行为辩护。

现代日本女性已经不再容忍丈夫的出轨行为，但一些能乐师却仍然坚守着"老派人"的特权。作为嫁入传统演艺世家的妻子，我们不仅要忍受男性这种态度，还不能破坏社会的和谐。换句话说，女性只能保持沉默，不得有任何异议。

当然，并非所有的能乐师都不忠。在 1900 年的一次采访中，犹彦的曾祖父曾经说过："要成为此道之高手，并不在于外在的行为或外貌，而在于其内心的修养。只有纯洁的灵魂，才能演绎出'能乐'的无限魅力，因此它比其他艺术更为崇高……'那个人的绝活'指的是他的'灵魂'已经通过他外在的动作得以体现。因此，我一直提醒我的儿子'在日常生活中，要有道德心，要保持诚实，不要自欺欺人。否则，你将无法成为一名优秀的能乐师'。"[1]

世阿弥在《风姿花传》的开篇就告诫那些学习能乐的人，不仅要不断提高自己的艺术水平，还要时刻锤炼道德品质。书中写道："好色、博弈、嗜酒为三重戒。此为古人之训。刻苦练功习艺，切忌刚愎自用。"面对来自竞争者以及对艺术完美追求所带来的巨大压力，仍能保持自己尊严、不扭曲自己道德价值

---

[1] Fenollosa, Ernest and Ezra Pound, *The Noh Theatre of Japan: With Complete Texts of 15 Classic Plays*, Dover Publications, 2004.

观的人，值得我由衷敬佩。正如世阿弥所强调的那样，只有全身心地奉献给艺术，才能提升自己的"修养"（即灵魂的深度）。

舞台上的"可见"与"隐形"

能乐要求演员的表演与"型付"完全一致，这是基本的前提条件。然而，最理想的情况是一举手一投足都能深深地打动观众，让他们为之着迷。因此，在能乐表演中不容许有丝毫差错。无论是舞蹈还是唱词，完美是必须达到的标准。为此，能乐师必须通过日常训练将自己的身体、声音和技巧磨炼到最高水平，并力求达到世阿弥所说的"花"[1]的境界。在世阿弥的能乐理论中，"花"是一个特别重要的概念，它指的是演员在表演时所散发出的气场。通过"花"，演员的精湛之处得以传递给观众[2]。（犹彦认为这种气场是由人体产生的体温变化，通过空气传递给观众。）再者，即使是同一剧目的同一场表演，观众的心态和观看位置不同，也会有不同的感受。

能乐师不仅需要通过身段，还需要通过像演奏器乐一样

---

[1]　Rimer, Thomas and Yamazaki Masakazu, *On the Art of the Nō Drama: The Major Treatises of Zeami*, New Jersey: Princeton University Press, 1984, x.

[2]　同上。

有回响的谣曲[1]来表达剧目所需传达的情感。在江户时代，梅若家曾被称为"妙音太夫"，据说他们从那时起就掌握了独特的发声技巧。即使后来与"观世流"合体，他们仍然在尊重传统技法的同时不断进行创新的探索。这种精神也体现在犹彦的咏唱中。犹彦的嗓音常常备受赞誉，因此我建议他在示范课时演唱一首谣曲。这样的话，参与者可以更好地理解能乐谣曲的多样性，并亲耳聆听到谣曲音调的变化。犹彦使用横膈膜发声，他的嗓音非常富有层次感，通过各种音高和音调传达出谣曲中所蕴含的丰富情感。

"地谣"给我留下了深刻的印象。它是一个由八个人（有时候是六个人）组成的合唱团体。"地谣"的领唱必须时刻确保"囃子方"（伴奏）与"仕方"（主角）保持同步，并且需要极大的体力来实现无间断的齐唱。"地谣"合唱团的成员还负责解释说明曲目的情境、登场人物和故事发展。在能乐中，用语言来展现剧情的部分被称为"谣"。

在沉浸于"地谣"带来的独特体验的同时，我亦被那引人入胜的"囃子方"的伴奏所深深吸引。他们通过演奏乐器及吆喝声，使现场的气氛更加热烈。起初，我对由小鼓、大

---

[1]　"能"作为一种歌舞艺术，"歌"和"舞"平分秋色。歌的部分写在"谣曲"里。"谣"（日语称为ウタイ、utai），包含歌、咏、唱、诵等意义。——译者注

皮（又称大鼓）、太鼓、拍手声和笛子声组成的伴奏组合的妙处一无所知。然而，随着时间的推移，我开始理解其中的奥妙所在。吆喝声同样是"囃子方"（乐师）能量的象征，也有助于他们与其他表演者的交流。犹彦还接受了鼓类乐器的训练，这样他就能将自己的身段动作与"囃子方"的节拍相协调。当表演达到高潮时，"囃子方"的音调也发生变化，与"仕方"的动作和"地谣"的吟唱完美契合，释放出巨大的能量。

在"囃子方"的后方，即舞台的左侧角落有两个人（有时是三个人），他们始终处在等待的状态。起初我对他们的身份感到困惑，因为他们似乎没有做任何事情。犹彦解释说，他们被称为"后见"，是"仕方"的替身。在任何情况下，都不允许中断能乐表演。因此，如果"仕方"发生意外无法继续表演时，就会由后见接替。

犹彦经常说，一个能乐师要牢记约二百首经典曲目，就好像他们是一本活辞典。当我询问他关于其他演员的表演时，通常情况下，演员不会对另一个演员赞美有加，而更倾向于指出对方的错误，比如说"他经常犯错"，"他用右脚而不是左脚开始"，"地谣唱错了一个音"等等。他们往往很难克制对别人的批评。对于能乐师而言，相互切磋技艺以提升自己是非常必要的，而这也是在演艺圈中向别人指出错误的方式，并且并不受时间限制。（这是一种无条件交换信息的方式。）简单说，就是说坏话。然而，有时这种无情且严苛的批评也可能是自己对自己的要求。犹彦总觉得有无形的目光注视着他。所以，当他花费大量时间背诵台词，并将其完美地演绎出来时，他感到无比满足。对于观众来说，从右脚开始还是从左脚开始可能微不足道，但对于能乐师来说，这却是一个不可原谅的错误。这样的失误会受到严厉的批评。

除了对完美的追求被视为理所当然以及他们所承受的巨大压力之外，能乐师还必须遵守许多能乐界规定的义务和惯例。这些基于上下等级关系的义务和惯例决定了他们与身边的能乐师如何相处。作为一名能乐师，你必须同时遵守以上的两点。

能乐师通常从三岁开始接受训练，并且只要体力允许，他们就会一直表演下去。在能乐界里没有退休的概念。"仕方"（主角）、"胁役"（配角）等角色会在某一个家族中代代相传。例如出生在"胁役"家的人，通常只能扮演"胁役"角色。

我有时会对能乐界充斥的裙带关系提出质疑，并感到窒息。（例如，似乎存在一些不平等情况，比如只有少数能乐师能够扮演诸如老女等秘传作品。）当有人问我"应该看哪位能乐师的表演？"时，我常常建议他们不要仅根据演员的知名度来选择，而是要找到能够在舞台上展现强大气场的表演者。即使是同一流派、接受相同训练的演员，也会有出色和表现不佳之分。

这是我个人的观点，正如我前面提到的，除了完美的演技，能否在表演中感受到激情，这也关系到表演的成败。而要实现富有激情的演出，仅凭不出错是远远不够的，反言之，有时甚至可能因激情而需要犯一些小错误。

提到"激情"，还有一个与"激情"有关的插曲。NHK 曾邀请犹彦参演一档名为《神奇的微观世界：人体》的节目。根据节目需求，节目组监测了犹彦在排练《道场寺》时的心率。他正常的心率是每分钟 60 到 70 次，但在表演达到高潮时，尽管他身体几乎保持静止，但心率却高达每分钟 240 次，超过了全力奔跑的短跑选手的心率。这个实验的结果表明，能乐表演者在表演时需要精神高度集中，并揭示了我们的感知是如何欺骗人的。能乐师外表的平静掩盖了他们内心的汹涌澎湃[1]。

能乐的魅力来自舞台上"可见"与"隐形"之间，以及能乐师的外表与内心之间的反差。这种反差体现在他们努力按照规定完成固定动作的意识与因激情而出现的小错误之间的差异。NHK 的纪录片是随机录制的，自然记录下许多因激

---

[1] 参考梅若 Solaya 的论文 "EXTENDED ESSAY THEATRE ARTS; In Noh theatre, how can Zeami Motokiyo's Hana be created through the physical and mental standpoint of an actor?".

情而导致的失误。能乐研究者普西姆·普罗莱特（Poh Sim Plowright）教授非常恰当地描述了这种反差所带来的奇迹："能乐这种充满了无形之物的艺术，看起来如此庄严壮观，真是令人难以置信。"①

---

① Poh Sim Plowright, "The Umewaka Legacy-Noh Demonstration at Royal Holloway", 演出宣传单 , 1995.

第三章

梅若家的育儿生活

1983 年，婴儿 Solaya

1　能乐师的孩子

怀孕

当我在婚后两个月发现自己怀孕时，我的情绪变得非常敏感。那时，新婚生活才刚刚开始，我从未预料到会这么早怀孕。此外，从大阪大学研究生院退学后，我进入了东京大学计算机信息科学研究科继续攻读研究生，正打算专注于学业，完全没有准备好做母亲的角色。然而，犹彦对我怀孕感到非常兴奋，并期待着成为一名父亲。虽然我仍然无法开心起来，但有了犹彦的支持，想到可以和他一起抚养孩子长大，这让我感到很安心。

经历了一段时间的孕吐之后，剩下的怀孕过程还比较顺利。到了孕七月，肚子终于开始显怀。整个孕期，我只增加了七公斤的体重。每次产检时，医生都说一切正常，而当我想进一步提问时，医生就似乎显得有些不耐烦了。没办法，我只能通过阅读相关的书籍来了解妊娠的进展。整个孕期犹彦都很配合，和我一起全程参加了拉玛泽减痛分娩呼吸法的课程。该呼吸法是指在分娩过程中通过调节呼吸，有意识地让孕妇放松身体，从而减轻分娩引起的疼痛感。

考虑到麻醉药对胎儿的影响，我决定不选择无痛分娩的方式。整个分娩过程漫长而艰辛，从宫缩开始到最后分娩，我经历了长达十六小时的折磨。尽管在产程中，犹彦一直陪伴在我身旁，也尝试了拉玛泽呼吸法，但减轻疼痛的效果并不显著。然而，当我听到孩子那响亮的啼哭声时，所有的辛苦、疼痛都化作了喜悦和感动。从那一刻起，她成了我和犹彦的掌上明珠，我们给她取名"Solaya"①——我们的狮子公主。我的母亲、姐姐玛丽·罗斯和妹妹宝琳也对这个小天使喜爱有加。母亲告诉我，Solaya 的容貌完美地融合了我和犹彦的优点。婆婆罗莎也对 Solaya 的出生感到非常高兴。她在两次婚姻中育有六个男孩，终于实现了想拥有一个女孩的心愿。

命名

关于给孩子起名字这件事，我和犹彦之前已经商量好了方案。我们决定，如果生的是男孩，就给他取一个日本名字；如果是女孩，就取一个黎巴嫩名字。家人们提出了几个备选名

---

① 日文名为"ソラヤ"（全名为：梅若ソラヤ），即用汉字 + 片假名来做姓名，在当今日本社会也较为常见。日本人的名字并不一定有汉字，没有规定登记户籍的时候一定要取一个汉字名，平片假名都可以。例如著名日本歌手宇多田光的日文名即为"宇多田ヒカル"。在日语中片假名常用来表示外国人名、外国地名、外来语词等专有名词。由于 Solaya 的父母只给名字定了读音，并没有规定汉字的写法，故本书也采用读音标注。——译者注

字，这些名字听起来都与梅若的姓氏相得益彰。最终，我们决定采纳妹妹宝琳提议的"Solaya"这个名字，它在阿拉伯语中意为"星座"。虽然犹彦可以给孩子的名字安个汉字，但出于对孩子外国血统的尊重，还是决定使用片假名。

　　Solaya 是一位活泼而有趣的孩子。在她出生的第二天，当我让她趴着时，我就发现她总是好奇地抬起头来。而当她三个月大、我把她抱在腿上时，她竟然尝试着想要站立起来。我深深地爱上了这个精力充沛、如同洋娃娃般可爱的小宝贝。那时，我已经预见到她将来会成为一个非常有趣的女孩子。Solaya 满屋子爬来爬去，这让我和犹彦感到非常头疼。从她六个月开始学会爬的那一刻起，我不得不全天候地跟随她。而当她十一个月开始学步的时候，情况变得更加棘手。她很有主意，从小就知道自己想要什么。举个例子，她不爱穿漂亮的裙子，喜欢穿着方便活动的裤子爬来爬去。与其他女孩不同的是，她对洋娃娃没有多大兴趣，喜欢和邻居家的孩子一起画画、玩拼图。她个性很强，尽管还是个走路都摇摇晃晃的小孩，但已经把"我知道！"变成了口头禅。虽然我对她表现出来的满满活力感到欣慰，但有时候她的固执和过剩的精力也会让我感到筋疲力尽，喘不过气来。

　　当 Solaya 三岁的时候，我们迎来了弟弟的降生，整个家庭再次被幸福所包围。弟弟的分娩过程艰辛且漫长。当发现胎儿脐带绕颈时，产科医生不得不立即采取行动。正因如此，当我询问孩子的性别时，大家都忙着处理这一紧急情况，压根儿就没人来回答我的问题。这不免让我内心陷入惊慌，担心孩子是不是有什么出生缺陷。然而，非常幸运的是，医生成功地解开了缠绕的脐带，我的儿子得以健康存活下来。经历了漫长的分娩过程和这一意外事件，当我知道宝宝健康无恙时，终于松了一口气。这一刻，所有的情绪如洪水般涌上心头，令我久久无法平静。当我看到儿子第一眼时，就对他"一见钟情"。他眉目之间透露着清秀和可爱，闪闪亮亮的大眼睛凝视着我。全家人都为这个可爱迷人的小男孩的到来感到高兴。令人欣慰的是，Solaya 也非常开心有了一个弟弟，对他毫无嫉妒之情。

在给儿子取名的过程中，犹彦遵循了能乐艺人的传统，保留了自己名字中的一个字。这样一来，仅凭名字就能辨认出孩子所属的家族。考虑到他给出的备选名字中，有几个在阿拉伯语中的意思有些奇怪，最后我们选择了"犹巴"这个名字。这个名字也象征着他与父亲犹彦、祖父犹义之间的紧密联系。直到儿子出生后的第二周，我们才最终确定了他的名字，并赶在出生登记截止日期之前提交了申请。

在我们家，大家经常称"犹巴"为"托莫"（Tomo）。托莫天性温和，比姐姐 Solaya 省心得多。尽管他还只是个婴儿，但他很有耐心，有好几次深夜我醒来，都发现托莫安静地站在小床上，不哭不闹地等着我。然而，尽管天性温和，但他的顽皮本性从小已显露无遗。他总是设法逗家里人开心，并经常捉弄姐姐 Solaya（她也是托莫恶作剧的帮凶）。这个调皮捣蛋的托莫，让人既爱又恼。然而，不幸的是，他患上了小儿腹绞痛这一疾病。为此，我们带他看了很多医生。但医生除了指出托莫容易过敏这一事实外，无法找出引起疼痛的具体原因。我想，托莫的过敏可能遗传自我父亲。我们只能寄希望于他长大后，这些症状会逐渐消失。

每当托莫和 Solaya 出现健康问题时，我总会给身在黎巴嫩的母亲打电话，寻求她的建议。值得庆幸的是，当我生 Solaya 和托莫时，我的母亲都会比预产期早一个月来到日本，陪我度过孕晚期和月子期间。她做的黎巴嫩美食既美味又有营养，对我身体的恢复起了很大的作用。在月子里，我经常要夜间起来喂奶，但好在有母亲在身边帮忙，给我们全家提供了很多帮助。由于身边几乎没有朋友和家人，我常常倍感孤独。在黎巴嫩，人们与家人、朋友和邻居之间都保持着紧密联系，即使在城市里面也是如此。正因为这样的邻里关系，每当遇到困难时，邻居们都会伸出援手，这正如古语所说，"远亲不如近邻"。在日常生活中，黎巴嫩人极为注重待客之道。他们常常邀请陌生人到家中，共同品尝一杯香浓的土耳其咖啡，以此展现他们的友好与热情。这种社交习俗在黎巴嫩颇为普遍，尽管这有时会让一些忙碌的人感到些许不便，但它无疑加强了人们之间的情感联系，进一步增强了共同体成员的凝聚力。而像东京这样的大城市，邻居之间连招呼都很少打，这让我对生活在黎巴嫩的时光倍感怀念。尽管如此，在东京我还有来自黎巴嫩的好朋友扎希亚和约瑟芬，他们就像我的亲人一样，在育儿方面给予了我很多帮助。此外，我在巴黎的妹妹宝琳，每次来日本都会抽出时间陪伴我和孩子们。她还会与孩子们分享她对摄影的热爱，并带他们到日本各地进行摄影之旅。

在育儿方面，作为爸爸的犹彦也展现出了出色的父爱。他不仅承担起了给孩子们洗澡、喂饭的任务，还坚持按时让孩子们用餐。他和母亲罗莎总是按时享用午餐和晚餐。虽然我自己对用餐时间并不太讲究，但对孩子们的用餐规矩要求严格，每顿饭都不许他们剩饭。我希望孩子们能够喜欢我精心制作的各种健康美食，包括黎巴嫩菜、法国菜、意大利菜和日本菜。在这样的家教下，孩子们从不挑食，无论桌上菜肴如何，他们都能愉快地接受。后来在他们应邀去朋友家做客时，这种教育方式便成了一项重要优势。

除了照顾孩子的基本需求，犹彦还经常带他们上楼顶玩耍，尽情享受阳光。他还常常利用这个机会进行站立冥想的训练，这是他非常重视的能乐训练的一部分。此外，他还常给孩子们养一些不寻常的宠物，如鹦鹉、土拨鼠和松鼠。有一次，他甚至带回了一条蛇，仅仅因为他对蛇的运动方式十分好奇。随后我才知道这种蛇竟然要以煮熟的小老鼠为食，对此我非常生气，于是立刻向宠物店投诉要求退货。虽然有过这样的"奇葩"事，但无论如何，犹彦会常常陪伴孩子们。随着孩子们渐渐长大，他会陪他们一起搭积木、玩卡片和拼图，还有战争游戏。

能乐训练

尽管如此，我常常怀疑犹彦具有双重人格。特别是当他给孩子们进行能乐训练时，这种感觉更加明显。好在 Solaya 并没有因为父亲的严格指导而感到气馁或想要放弃，至少没有像托莫那样痛苦。托莫只要一练习能乐，就喊肚子疼，看到他这样我真的很忧心。犹彦在训练时要求孩子们跪坐，在训练结束时还要求他们向自己鞠躬表示感谢。我没想到，父子之间竟然如此强调严格的上下等级关系。在排练厅里，犹彦不再是孩子们的父亲，而只是扮演师父的角色。然而，在某种程度上，他只是在重复他父亲对他曾做过的事情。

话虽如此，犹彦对孩子们的训练比他自己小时候更加严格。他期望一双儿女将来都能成为出色的能乐师，这份期许在身处跨国家庭的他们身上，显得尤为深切。换句话说，他们并不是"纯粹"的日本人。犹彦深知他们的表演将受到同行和观众们更加严格的审视。

按照梅若家的传统，孩子们三岁时便要登台公开表演"仕舞"①。那一天，犹彦在国立能乐堂后台的更衣室里，为孩子们做着登台前的准备，而我则在台前负责迎接和问候每一位贵宾。演出开场前，观众席鸦雀无声。然而当 Solaya 款步登台，我清晰地看见，观众脸上漾开了会心的微笑。我全程屏住呼吸，默默地守护着孩子们的"初舞台"。Solaya 时而旋转、时而摇动着扇子，在舞台上的每个动作可谓完美无瑕，这不禁让我感到惊叹。而当托莫首次登台时，舞台上的他散发着一股童真、童趣，惹人怜爱。表演一开始，托莫就全神贯注于舞蹈，仿佛完全忘却了周围的世界。他的脚步流畅自如，就像水面上游动的小鸭子。孩子们的表演让我感到无比骄傲，但说实话，当时的我也担心得几乎无法呼吸。试想你的一举一动被台下观众的一双双眼睛盯着，这即使对成年人来说也是一种"可怕"的体验。我无法想象，年仅三岁的孩子在耀眼的聚光灯和嘹亮的吟唱声中表演会有多么恐惧。每当洋娃娃般的孩子们出现在舞台上，观众们总是发出阵阵惊叹声。虽然演出过程是如此的"胆战心惊"，但每次演出结束后看到观众送给孩子们的鲜花和掌声，我总是感动得不知所措。

---

① 仕舞是指能乐中不用化装、不带伴奏的简单舞蹈。——译者注

1986 年，在国立能乐堂进行"初舞台"表演的三岁的 Solaya

　　托莫对父亲严格的训练感到很痛苦。可当他在演出结束后收到众多礼物时，似乎就把所有不开心都抛诸脑后了。虽然 Solaya 也经历了严格的训练，但她一直充满自信。那时的她或许没有意识到女孩在舞台上表演能乐是一件多么不寻常的事情。大部分日本人或许并不认为女性同样可以成为专业的能乐师，常误认为能乐是只属于男性的领域。梅若家在这方面则显得较为包容和开放。犹彦记得他父亲的一个弟子就是一位职业的女能乐师。尽管活跃在能乐界的女性人数相对较少，但其中之一就有犹彦的姑姑——杉山米子。

1990年，在国立能乐堂进行"初舞台"表演的三岁的托莫

2　不同文化下的教育

学习日语

在孩子的教育方面，我和犹彦都希望在我们能力范围内让他们接受最优质的教育。我认为优质教育不仅包括学校所教授的知识，还应该培养孩子独立自主和坚韧不拔的品质，以及批判性思维。我们期望他们能够辨别是非、保持诚实和自信，当然这是最理想的情况。此外，同样重要的是，他们应该具备同情心，尊重他人，关心他人，并且善待他人。在我们这个艺

术家庭中，培养孩子对音乐和艺术的敏感度也非常重要。因此，我们期望孩子们对学习保持兴趣的同时，发现自己的优势和爱好，并且让他们的才能得到充分的发展。

当 Solaya 到了上幼儿园的年龄，我们对她是去日本的幼儿园还是国际学校犹豫不决。幸运的是，犹彦对教育持乐观态度，并且尊重我的决定。在家里，由于我们大部分时间都使用英语交流，因此我们决定让 Solaya 去日本的幼儿园，让她学学日语。于是，我们选择了若叶会幼儿园。这所私立幼儿园是最佳的选择，不仅因为很多传统家庭的孩子都在这里就读，而且还能为将来进入学习院小学部做好铺垫。幼儿园的园长是三井富美子女士，她和她的家人都是能乐迷，而且还是我公公梅若犹义的粉丝。当 Solaya 被幼儿园录取时，我们感到非常高兴。后来，当 Solaya 在国立能乐堂表演"仕舞"时，三井园长和 Solaya 同班的幼儿园小朋友都前来观看了她的表演，这让我们感到非常激动。

每天接送孩子上下幼儿园是一项艰巨的任务。每天早高峰的时候，我不得不开车 40 分钟把 Solaya 送到幼儿园。在她有演出的日子里，我需要先接她放学，然后再送她去排练。晚上，我和丈夫还得经常参加使馆举办的各种社交聚会。这些聚会给了我们一个宝贵的机会，可以结识喜欢能乐的各界人士，并邀请他们观看演出。为此，几乎每晚我都得手写个性化邀请函，而且这样的工作常常持续到深夜。天一亮，我又得在半睡半醒中为家人们准备早餐。我并不擅长制作日式便当，为此还参加了一些烹饪课程。尽管如此，我仍然无法像日本妈妈那样花费大量时间和精力做出可爱的便当，所以 Solaya 的便当可能看起来不太好看。但我仍努力确保每个便当都健康且美味。幸好，Solaya 非常喜欢我亲手制作的便当。

Solaya 性格活泼开朗，好胜心强，所以在若叶会幼儿园里，她是一个与众不同的存在。其他女孩子都穿戴整齐地来到幼儿园，但对于 Solaya 来说，显然这样的打扮并不符合她的品位。在幼儿园里，女孩子们钟爱漂亮的小裙子，而 Solaya 更钟爱长裤，因此她感到很不自在。她也不喜欢老师要求她按部就班地活动。在若叶会幼儿园，孩子们不仅接受良好的礼仪和日本文化教育，还潜移默化地被教导如何成为世人理想中的女孩子。例如，女孩子们必须表现得优雅有礼，仿佛在演戏一般。虽然校长和老师都是好人，但我认为这种教育方式会剥夺孩子们的个性，阻碍他们个性的自由发展。我希望 Solaya 能够自由自在地做自己，特别是她正承受着严格的能乐训练。

于是，在若叶会幼儿园待了一年半之后，我们决定将 Solaya 转到西町国际学校。国际学校的环境可能更适合她。在新环境里，Solaya 不再需要迎合周围的人，她变得更加活泼。她意识到，在这里她即便与周围人不同，也不会受到批评。在这里不同的想法和个性是受到尊重和肯定的。转学后，我们欣慰地发现 Solaya 恢复了之前在学校被压抑的活力，她更自由地享受生活。她结交了很多朋友，并且更喜欢去幼儿园了。老师们接纳了 Solaya 活泼的个性，并鼓励她与其他有外国背景的孩子交朋友，以提高她的英语水平。

　　当 Solaya 在国际学校上学时，我也开始考虑把托莫送到附近的保育园。然而，与姐姐不同，托莫好像还没有准备好离开妈妈的身边。每次送完孩子，当我准备离开时，他都紧紧抱住我哭闹不止。我真不明白为什么托莫会有如此强烈的分离焦虑，这让我非常担心。为了解决这个问题，我尝试了五所不同的幼儿园，包括一所日本保育园和一所国际学前教育机构。我总是担心我选的学校是否适合托莫。幸运的是，我的法国朋友亚历山·德拉有一个女儿叫瓦伦丁，和托莫差不多大。托莫是个文静的男孩子，亚历山·德拉会让瓦伦丁放学后和托莫一起玩，他们相处得非常好。得益于瓦伦丁的帮助，托莫逐渐愿意去六本木的路德教会国际幼儿园上学了。

　　每天放学后，托莫都迫不及待地期待着和姐姐 Solaya、邻居马莫罗一起玩耍。Solaya 与弟弟相处得很好，她也喜欢照顾弟弟。Solaya 经常说，弟弟托莫是她收到的最好礼物。看到他俩在成长过程中相处得如此融洽，我感到非常满足。

在英国的学校生活

我们搬到伦敦时，是 Solaya 七岁、托莫四岁的时候。关于我们这段经历，在后面将向大家详细介绍。全家人对这次搬家充满了期待与兴奋，它标志着我们每个人新生活的开始。在伦敦这座繁华的国际大都市，我们一家人享受着全新的生活体验。国际化大都市的喧嚣与活力，以及随处可见的郁郁葱葱的树木，都让我们深深爱上了这座城市。

孩子们尤其高兴能够见到他们的表兄妹菲奥娜和爱德华，这对黎巴嫩苏格兰混血的小家伙与 Solaya、托莫年纪相仿，很快就玩儿在了一起。我的哥哥乔治和嫂子珍妮特也给予了我们极大的帮助。在他们的帮助下，我们顺利安顿下来，开始了在伦敦的新生活。Solaya 也得以进入当地一所知名女校——福克纳家女校（Falkner House Girls School），一所位于伦敦富人区南肯辛顿的女子学校。

福克纳家女校为在校生营造了一种轻松惬意的学校氛围，让人感觉它更像一个温馨的家庭而不仅仅是一所学校。Solaya 所在的班级只有 13 名学生，因此，老师们能够关注到每个孩子，而且孩子们之间相处得非常好。第一天上学时，Solaya 受到了同学们的热烈欢迎，这让她感到非常开心。当我去接她放学时，她那些精力充沛的同学们围绕着她叽叽喳喳地说着笑着，询问我是否可以邀请 Solaya 去她们家玩儿。

为了帮助 Solaya 适应全英文的授课环境，学校在第一学期每天早上为她提供了一对一的辅导。而且令人惊讶的是，这一切都没收取任何额外的费用。多亏了学校对她的特别关照，Solaya 在学习方面取得了巨大的进步。有一天，一位老师告诉我，他们从 Solaya 的坚持不懈和永不放弃的精神中受到了鼓舞。

我的哥哥乔治和嫂子珍妮特在他们家举办圣诞节派对，我们的妈妈也特地从黎巴嫩赶来参加。对于孩子们来说，最开心的是能和他们的表兄妹菲奥娜和爱德华共度这难忘的欢乐时光

学校还实施了多项政策来表彰孩子们的努力，而且这些措施也取得了显著的成效。每周，老师会给学生颁发贴纸、奖品和奖杯，以表扬他们在学习和生活方式上的进步。Solaya 经

常会把带有"太棒了！"等表扬的评语和贴有各种可爱的动物贴纸的作业带回家。

　　研究表明，恰如其分的认可与奖励对于激发孩子们的卓越表现具有显著作用。对于 Solaya 而言，她深切感受到了来自周围人的认同与持续的激励，这种正向的反馈使她能够轻松自如地融入福克纳家女校的大家庭，并在其中享受充满生机与活力的校园生活。我认为，正是她不拘小节、率真洒脱的性格以及独特的日本气质，使她能够轻松融入同学们之中，与她们建立起和谐融洽的关系。

穿着伦敦福克纳家女校夏季校服的 Solaya

与此同时，托莫也进入了位于伦敦肯辛顿和切尔西区的私立国际学校——希尔豪斯预备小学（Hill House Junior School）。这所学校的教育理念是"孩子的内心并非一个等待填充的容器，而是一团待点燃的火焰"。我经常能看到希尔豪斯的学生们，身着黄色毛衣、灯笼裤，头戴毛线帽，走出校门，前往博物馆和游乐场。他们的形象从远处就能轻松辨认出。

在这所学校学习了一段时间后，我决定将托莫转到位于伦敦贝尔格莱维亚的伊顿公馆预备小学（Eaton House Belgravia），以提高他的英语水平。在这所小学，他可以按照自己的节奏学习。对于学校环境的改变，托莫并不介意，除了英语外，在其他科目上他的成绩也相当不错。他喜欢运动，尤其擅长游泳。他情商高，富有同理心，能够迅速与新同学打成一片。他善于交际，在学校结识了许多朋友，并经常受邀参加各种聚会，甚至留宿在同学家中。此外，他还发展出了一个新的爱好——国际象棋。在国际象棋上，托莫表现出色，甚至战胜了年长的孩子和老师，在同龄人中脱颖而出。这使他迅速爱上了国际象棋，并从中获得了巨大的自信。除此之外，他还展示出自己的艺术天赋，在其他学校学生也参加的绘画比赛中还曾获得过奖项。

Solaya 和托莫的学校放学时间相同，因此每天放学时，我总是匆匆忙忙地去接他们。此外，我还得负责安排孩子们的课后活动，比如当他们受邀去朋友家做客时，我需要负责接送。有时候，我忙不过来的时候，就会临时请英国同学的妈妈帮我照看孩子一会儿，作为回报，下次我也会帮她看孩子。看到英国的爸爸们积极参与孩子的课外活动，我们夫妇感到非常新鲜。例如，爸爸会和妈妈一起出席孩子的芭蕾公开课和音乐会等各种学校活动。爸爸们的这种态度给孩子们带来了极大的安全感，并有利于营造团结的家庭氛围。然而，由于工作上的晨会，犹彦往往无法参加学校的各类活动。当时，一个日本父亲去参加这些学校活动几乎是难以想象的。日本的工作环境并不允许工作和个人生活有太多的灵活性。

在伊顿公学参加"牛仔派对"的托莫，正在和好朋友杰克开心地翩翩起舞

尽管如此，犹彦仍抽出时间参加了学校的运动会，并与我一起准备孩子们的生日派对。在 Solaya 离开伦敦回到日本之前，我们想要为她举办一个特别的派对，以感谢朋友们对我们的照顾。当得知我们可以在南肯辛顿的伦敦科学博物馆举办一个过夜派对时，我兴奋不已，并暗下决心要把它办成一个充满科学气息的盛大派对。当夜，孩子们仿佛踏入了科学奇趣的魔法世界，一系列有趣的科学实验让她们目不暇接，笑声与惊叹声此起彼伏。夜色渐深，到了孩子们就寝的时间，我们精心地在博物馆的展柜旁为她们铺好了睡袋。然而，女孩子们却仿佛一群不知疲倦的小精灵，兴致盎然地聊了一整晚。这可苦了

穿着伊顿公学校服拍摄的全班合照。全班共十五人，由此可见该校精英教育的理念

我和犹彦，整晚都未能睡好，但我们的内心充满了温暖与喜悦。孩子们的快乐感染了我们每一个人，那一夜，我们共同编织了一段美好而难忘的记忆。

暂别东京和能乐的世界

在伦敦的学校，Solaya 和托莫表现得比在东京时更有活力。尽管英国学校也重视学习成绩，但成绩并非评价学生的唯一标准。在这里，孩子们可以有很多机会走出教室，前往剧院和博物馆。而且，课程设置相当多样化，涵盖了芭蕾、音乐、田径等多种科目。所有这些课程都得到了充分的重视，并且在整个课程设置上都相当均衡和合理。

据我所知，伦敦的孩子放学后，并不像东京的孩子那样要去补习班。而且班级规模较小，老师可以更好地关注到每个学生的需求。如果需要的话，学生可以申请一对一的学校或家庭辅导。Solaya 和托莫常常在放学后相约到朋友家共同学习。完成学业后，他们会安排时间一起观看电影、欣赏音乐剧，或是去游泳，享受丰富多彩的课余生活。周末，孩子们有时会前往朋友在乡间的度假小屋，展开一场充满欢乐的篝火露营活动。在那里，他们围着篝火露营，感受大自然的宁静与美好，度过了一个个难忘的周末时光。

当孩子们去上学后，我终于能够享受到片刻属于自己的

时间。为了丰富自己的技能，我利用伦敦这个文化中心的优越
地理位置，参加了佳士得拍卖行举办的当代艺术讲座。这些讲
座由经验丰富的老师主持，学员们通过欣赏各种展览来学习如
何理解艺术，这种实践导向的学习方式令人难忘。举个例子，
通过参观学习，我对勒内·马格里特、大卫·霍克尼、杰克逊·
波洛克和安迪·沃霍尔的作品变得非常着迷。我对色彩搭配也
有浓厚的兴趣，为此报名参加了切尔西艺术与设计学院的室内
设计短期课程。此外，我还报名参加了公共关系的课程，以期
在推广戏剧和文化活动方面能有所帮助。然而，坦率地说，我
并没有从这些课程中获得太多知识。但作为一个喜欢通过不断
尝试和凭直觉行动的人，我喜欢更多地依靠自己的实践来提升
自我。

　　在伦敦生活期间，我终于可以暂时解放自己，摆脱那种
身为能乐大师的妻子所承担的责任感，尽情享受自由自在的生
活。虽然我已经习惯了这份责任，但能够在一段时间内不受束
缚的感觉仍然让我轻松愉快。身处国外时，我们不像在日本时
受到过多限制，因此，我得以在伦敦和其他欧洲城市顺利地组
织各种联合企划项目、能乐工作坊和讲座等活动。对于无法亲
临能乐堂的海外观众来说，他们可以用英语与犹彦直接沟通，
倾听他对于能乐的理解也是一次难得的体验。

　　伦敦作为一个国际大都市，热情地欢迎并融合了来自不同

文化背景的人们，朋友之间的交往更加开放自由。我的朋友圈里不仅有英国人，还有来自黎巴嫩的移民等其他非英国籍的朋友。我们经常一起参观博物馆、欣赏音乐会、观赏戏剧，享受美好的时光。四年的伦敦生活给 Solaya 和托莫留下了难忘的校园回忆，而我和犹彦也一同度过了一段充实而美好的时光。

3 寻求自我认同

回到日本

1994 年，犹彦在伦敦完成博士学业后，我们全家回到了日本。回国后，我立即投身于在国立能乐堂为纪念我的公公、著名能乐师梅若犹义先生的"追思公演"[①] 的筹备工作中。这次演出 Solaya 和托莫也参与其中。为了重新建立与离开日本前朋友们的联系，我倾注了大量的时间和精力。通过全身心地投入工作，我成功地重新融入了东京的生活，重新找回了属于自己的生活节奏。阔别多年后，当我再次踏上日本的土地，一

---

① "追思演出"是指为了纪念、怀念去世的人而进行的一场音乐会、舞台剧或其他艺术表演。它通常是在逝者离世后不久举行，旨在向逝者致敬并向其家人、亲朋好友以及社会公众传递哀思和悼念之情。——译者注

切都让我感到新鲜而兴奋。商店和餐馆的服务依旧礼貌周到，无论我走到哪里，都能感受到那份特有的整洁与安全。这个国家依旧让我心生愉悦。时光荏苒，如今，孩子们已经能够独立上学，这让我感到无比欣慰。

　　然而，孩子们上学的问题，又困扰了我一段时间。最初，我考虑让他们去国际学校，因为我想他们刚回到日本，更容易适应国际学校的环境。然而，后来我又改变了主意。Solaya和托莫的日语不太好，这显然对他们的日本身份认同产生了影响，甚至可能会对他们将来在日本就职造成不利影响。尽管在伦敦期间，我们每个周末都去补习日语，但光这样远远不够。即使国际学校开设日语课程，也很难使他们的日语达到流利沟通的水平。此外，我深刻意识到要真正融入日本社会，掌握语言是至关重要的。接受这个国家的价值观，将日本文化视为自己的文化比任何其他事情都更重要。我希望我的孩子不仅能在双语环境中成长，还能够真正了解两国的文化。从我的经历中，我知道缺乏身份认同是多么可悲的事情。直到今天，我仍然对自己没有学好阿拉伯语感到遗憾。在黎巴嫩，许多基督徒并不将自己视作阿拉伯人，他们日常交流主要使用法语。正因为此，他们在学习阿拉伯语时，常常感到力不从心。英语和阿拉伯语的使用往往仅限于在说法语时引入某些特定词汇。尽管短期内，Solaya和托莫在适应新环境时可能会遭遇一些暂时性的困难，但从长远来看，让他们进入日本学校接受教育将更有益于他们的成长和发展。

归国子女的困惑

在日本，新学年通常从四月份开始[①]。在有限的选择范围中，我最终决定将 Solaya 和托莫转入离家不到两分钟的港区立麻布小学。Solaya 进入六年级，托莫则进入二年级继续学习。Solaya 期望在这所学校也能交到很多朋友，然而她的乐观主义却遭到了残酷现实的背叛。开学第一天，她的一个同学就让 Solaya 和其他外国孩子坐在一起。尽管 Solaya 明明是回到自己的国家，却被这个同学视为与中国、韩国和俄罗斯等国家的孩子一样的外国孩子。她为此感到苦恼，同时也被这位同学狭隘的言论所伤害。让我震惊的是，年仅十岁或十一岁的孩子们竟然如此排斥外来者，甚至连具有日本血统的 Solaya 也被排除在他们的圈子之外。

我安慰了 Solaya，告诉她不要伤心，并建议她与那些说刻薄话的人保持距离。我鼓励她不要理会他们，而她也听从了我的建议。让我感到欣慰的是，我的孩子没有对我隐瞒学校发生的事情，也没有试图自己解决问题。否则，我可能无法察觉

---

① 因为当时我们无法返回日本参加一月份举行的私立小学面向归国孩子的入学考试，故 Solaya 和托莫无法进入私立小学学习。

到这种校园欺凌行为。在我们家的餐桌上，我们经常坐在一起，倾听孩子们的故事。我想让他们知道，我一直在他们身边，如果他们有任何问题可以随时向我倾诉。仔细考虑如何处理 Solaya 的问题后，我得出结论，在问题升级之前我应该采取行动。于是，我与 Solaya 的班主任服部老师取得了联系，并向她表达了我的担忧：如果一个生活在东京市中心的十一岁孩子无法接受同班同学的多样性，那么将来这个孩子可能成为一个无法接纳其他文化的成年人。在与班主任联系之前，我已经做好了心理准备，明白我的行为可能会适得其反，让 Solaya 变得更加孤立。尽管如此，我仍然认为问题不能被忽视。幸运的是，班主任非常理解我的担心，并在课堂上讲述了关于尊重文化多样性的重要性。随后 Solaya 和周围同学之间的关系得到了改善。她不再被刻意排挤，也不再被要求加入外国人的圈子。最终她在班上交到了朋友，情况也发生了很大的变化。多亏了这些善良的孩子们，Solaya 得以愉快地度过每一天。

　　尽管 Solaya 去英国之前就已经会说日语，但回国后她不得不努力学习那些在过去四年里应该学到的日语汉字。班主任服部老师非常关注她的学习进度，确保她能跟上其他同学的步伐。服部老师不仅在学业上给予 Solaya 悉心的指导，还教会她在学校生活中如何进行小组合作，如何认真聆听老师和长辈的教诲，以及礼貌待人的重要性。每天早上，学校运动场上都会举行升旗仪式，所有的孩子都必须参加。对于 Solaya 来说，这个仪式让她感觉自己像一个士兵，她怎么都喜欢不起来。当她询问同学这个仪式的意义时，同学们只是告诉她这是大家都要做的事情，没有给出更详细的解释。随着时间的推移，Solaya 在伦敦时所拥有的热情和光芒逐渐褪去。我不确定是因为她正处于青春期，还是因为她感到过多的规定束缚，又或者是因为她感觉学校不适合她，导致了这种变化。

"为什么我的爸爸是日本人？"

托莫回到日本后也经历了一段艰难的适应期。有一次，他问我："为什么我父亲是日本人？"对他而言，东京与伦敦是完全不同的两个世界。这里没有茶歇，没有生日聚会，也没有人邀请他去乡村度假。有一天，托莫被老师说为什么他连打球的方式都与其他孩子不同。这让托莫感到很困惑，为什么大家不能接受他呢？年幼的他，心智尚未成熟到可以选择性地听取别人意见的程度。正因为如此，他根本无法理解为什么别人要干涉他自由玩耍的权利，尤其是对于他这样一个内心渴望自由的孩子来说。

对于在多元文化家庭环境下长大的 Solaya 和托莫而言，礼仪和自我表达的方式有很多不同的选择。他们也理所当然地经常对现实进行质疑。然而托莫内心深处开始萌生出了对束缚他的各种规矩的叛逆情绪，这导致他对学习日语毫无兴趣。当我听到他说他自己是英国人而不是日本人时，我真的是急得如坐针毡。在八岁时，他竟然认为自己是英国人，错把伦敦当作自己的家乡，这让我非常吃惊。或许是因为我们全家突然搬回东京，让托莫感到非常困惑吧。在伦敦，托莫转学时得到了学校特别的支持，以帮助他尽快适应新环境。然而转到东京后，他却没有得到学校任何形式的帮助。班里有四十个孩子，班主任已经没有余力来单独辅导他的日语了。相反，老师告诉我们，过一段时间托莫就会自然而然地掌握日语，让我们宽心。然而，像托莫这样的孩子实际上需要额外的支持，尽管现实条件并不太允许。

考虑到上述这种情况，我决定暂时先给托莫请一个日语家教，与此同时也广泛搜集各种信息，寻求其他可能获取帮助的途径。幸运的是，我了解到在西麻布的港区立笄小学专门为归国学生开设了日语补习班，每周上午都有两次特别的日语辅导课。一位志愿者老师告诉我，为了开设这个日语补习班，学校和当地政府付出了不少努力。虽然这个补习班对于托莫日语能力的提升尚显不足，但不可否认的是，托莫的日语水平确实有了明显的进步。值得庆幸的是，托莫善于交际，很快就交到了朋友。班上的男孩和女孩经常不请自来地到我们家玩。他们喜欢在客厅里奔跑，玩得十分开心，与托莫相处得非常自然。多亏了这些小客人，我和他们的父母也慢慢熟络起来。他们在我处理需要提交给学校的大量文书工作时给予了我很多帮助，这让我感激万分。

尽管有过不愉快的经历，但我发现日本的小学在某些方面做得确实非常出色。其中之一就是为孩子们提供营养丰富、暖心暖胃的午餐。这已经成为日本公立小学的传统。有了学校的营养餐，我再也不需要为准备冷冰冰的午餐操心了。家长们也不再需要争相为孩子准备各式便当了。孩子们会轮流值日分配午餐，并在用餐后负责清理和打扫。看到这样的场景，我感叹不已。此外，老师和学生一起在教室里用餐也是一个很好的主意。这样一来，老师和孩子们就可以借机增进对彼此的了解。

后来成为制片人的托莫专门拍摄了他以前就读的小学在午餐时间的情景，包括午餐准备、进餐、清扫等。这段视频是为半岛电视台媒体平台制作的。截至撰写本书时，这段视频仅在脸书（Facebook）上就已经获得了 540 万次的浏览量。外国人对日本学校让学生自己动手参与劳动、培养生活技能的做法留下了深刻的印象。

研究多元文化下的儿童及其择校问题

从上述对日本小学配餐情况的介绍，可见日本的学校在从小培养孩子们良好的习惯上做得相当不错。然而，当我看到我的两个孩子在日本上学面临的困难时，我产生了对在多元文化背景下成长的双语儿童进行实地调查的兴趣。我关注的焦点是，当这些孩子在自己的国家被当成陌生人对待时，这对他们的身心健康会有何影响。我希望更深入地了解来自不同文化背景的父母所生的孩子在多大程度上能融入日本社会。幸运的是，我得到了时任东京大学教授史蒂芬·马菲重松（Stephen Murphy Shigematsu）的指导。史蒂芬教授拥有哈佛大学心理学博士学位，父母分别来自美国和日本。他对像他一样具有双重文化背景的儿童的身份认同这一问题也很感兴趣。

为了进行这项调查研究，我采访了二十多名高中生和大学生。他们的父母既有日本人，也有非日本人。许多受访的年轻人表示，尽管他们在日本出生、长大，甚至在这里生活了一辈子，但周围人并不认为他们是日本人。听到这些评价时，我对 Solaya 和托莫未来可能经历的困境就有所预见。我们也面临着这样的现实，即多元文化背景的儿童很难融入日本社会。

为了解决孩子身份认同的问题，我开始寻找一所可以接纳不同文化背景的孩子和归国人员子女的学校。

通过打听，我了解到了桐朋女子中学这所学校。该校以提供宽松的教育环境并尊重学生个性而闻名，也接收了许多归国子女①。Solaya参加了桐朋女子中学的入学考试，并顺利通过了。进入初中后，Solaya 结交了一位有海外经历的日本学生，两人成为了彼此的知心朋友。虽然Solaya很快适应了新学校的环境，但不久后，Solaya 发现学校所教授的知识已经无法满足她旺盛的求知欲了。因此，她爸爸给她买了很多书籍作为课外补充，其中包括英文版的德国和俄罗斯的文学作品。

这所学校注重学生的考试成绩和升入名牌大学的比例，在宽松环境中长大的 Solaya 对这种强调死记硬背和为了应付考试而学习的方式感到有些反感。因此，在初高中阶段，Solaya 很难再积极主动地投入到学习中去。这让我回想起我在黎巴嫩接受的法式死记硬背教育。尽管两者有相似之处，但也存在一个明显的区别，那就是黎巴嫩非常注重培养学生的自我表达能力。

因此，我希望 Solaya 能接受一种能够培养独立性和批判性思维的教育，以便将来能够适应日益全球化的世界。为此，我不断收集关于如何申请海外大学的各种信息。基于我在英国、美国和日本的大学学习经历，我建议她考虑去英国或美国读大学。尽管我有幸在东京大学和大阪大学的研究院学习，但我也

---

① 当时，学习院女子中等科也是 Solaya 的备选学校之一。该校不仅可以接收归国人员子女，而且犹彦家的很多亲戚也曾就读于此。但不巧的是，学习院的考试时间和桐朋女子中学的日子冲突了，不得已我们只能将志愿缩减到一所学校。

惊讶地发现，很多学生在课堂上打瞌睡，即使没睡觉的学生也只是被动地做笔记，鲜有围绕学习内容展开的讨论。

经过多方调查，我了解到攻读国际学士学位的课程对申请海外名牌大学非常有利。在这个过程中，我关注到了清泉国际学校。这所学校提供严格的、国际认可的国际学士学位课程[①]，并且离家很近，简直就是我的理想选择。通常情况下，犹彦和我姐玛丽·罗斯并不干涉我的择校决定。然而，当时Solaya已经上高二了，所以他们一开始都反对我给孩子转学。但是，对我来说，我更关心的是能否激发Solaya的求知欲，而不只是她能否适应新学校。如果她愿意挑战自己，换个学校也许对她的发展会更好。我也做好了承受失败的心理准备。但问题是不仅有来自家庭的反对，清泉学校对接纳Solaya这样一个高二转学生也并不十分乐意。校长认为，在不到两年的准备时间内想取得国际学士学位相当困难[②]。事实上，我们因为同样的理由遭到了圣心国际学校和美国学校的拒绝。然而，

[①]　英文全称为 International Baccalaureate，中文称国际学士学位，它的目的是给世界各地的学生一个获得严格的、国际认可的文凭的机会，然后可以用这个文凭进入大学。全世界的学生都可以学习 IB 课程。要想拿到 IB 文凭，必须去一所 IB 认可的学校（称为 IB 世界学校）学习且满足所有要求，包括参加六个科目组的课程，通过各自的考试，并完成三个额外的核心要求。——译者注

[②]　此外校长还对 Solaya 之前六年都在日本学校学习，以及父母亲都非英语母语者这两点表示不太满意。

出人预料的是 Solaya 亲自找到清泉学校的校长，并恳请他们重新考虑决定，至少允许她参加转学考试。我想她这一行为一定让当时清泉的校长孔塞萨修女感到十分震惊[①]。但正因为 Solaya 的努力，事情悄然发生了转机。校长非常欣赏 Solaya 的认真态度，在查阅了 Solaya 的成绩和考试结果后，决定让 Solaya 转入该校的十一年级。

转到清泉国际学校后，Solaya 的变化显著。她的性格变得更加开朗活泼，学习积极性也有了明显的提高。班上的同学都敢于表达自己的意见，而老师们注重启发式教学，引导学生深入思考，并积极地进行课堂讨论，而不是简单地死记硬背式地备考。学校强调拥有自己独立观点的重要性，并注重培养学生的独立思考能力。转学之初，Solaya 看到课堂上同学们积极回答老师提出的各种问题，并就此展开热烈的讨论的情景，感到非常鼓舞。在之前的日本学校，即使知道答案，学生们也不太愿意回答老师的问题。尽管 Solaya 花了一段时间适应这样热烈的课堂讨论，但一旦她觉得能为讨论作出贡献时，她就会努力表达自己的观点。

---

① 我从小就教育孩子们不要轻易说"做不到"。尤其是在遇到困难，或是抱有疑问、应该勇于面对问题时更不应轻言放弃。所以当接连被各国际学校拒绝时，我积极鼓励 Solaya 去尝试请学校重新考虑他们的决定。

在清泉就读期间，每当 Solaya 有机会在"铁仙会"① 能乐舞台上表演时，我都会邀请她的老师和同学前来观赏。这样一来，他们就能目睹 Solaya 所练习的能乐艺术的风采。平日里，Solaya 通常是一个安静的人，所以当同学们看到她能如此雄浑有力地吟诵和表演时，这种反差让他们觉得非常新奇和惊喜。

Solaya 不仅积极参加学校的各种课外活动，还热心参与到校外和非政府组织举办的各种项目中。清泉国际学校认为鼓励学生为社会作出贡献，能够培养学生全面发展的个人素质。Solaya 特别热衷于为菲律宾无家可归的家庭建造家园。这个项目是由一家名为"人类栖息地"（Habitat for Humanity）的非营利组织举办的，并得到了清泉国际学校的全力支持。通过与当地居民合作，从零开始建造简易房屋的经历，学生们意识到自己的力量对社会将产生的影响。Solaya 的这次经历以及她对黎巴嫩的访问，激发了她积极参与社会创新事业的热情。

苦于适应的托莫

Solaya 和托莫在日本及英国的学校经历截然不同。Solaya 能够很好地适应环境的变化，而托莫的表现却远不如她，这让

---

① "铁仙会"是以观世流铁之丞家族为中心的表演团体。该团重视所有角色的表演，包括地谣、狂言、囃子等，以其高密度的表演赢得了很高的声誉。——译者注

我一直感到非常愧疚。与 Solaya 不同，托莫并没有扎实的日语及英语基础。他在四岁时离开了日本，八岁时又离开了英国。每次在他掌握扎实的日语和英语之前，我们就不得不搬到另一个国家。这个问题在我们回到日本后愈加突出。当托莫进入五年级时，我感觉到了他身上的变化。他的朋友们不再与他一起玩耍，女孩子们也不再来我家了。

当他的同学们渐渐长大，变得成熟时，托莫是唯一一个没有改变的。他仍然保持着一颗纯真的心和对自由的追求。我至今还记得，站在公寓楼的七楼看着他去上学时，托莫转身向我飞吻的情景。尽管他的日本朋友们嘲笑他，但他没有因此而停止这样做，并且对同学们的看法毫不在意。我相信他可能受到了黎巴嫩人在孩子长大后也要表达爱意的这一习俗的影响。我全力以赴地用爱呵护着孩子们，努力与他们建立深厚的感情，希望他们明白他们是被爱着的，内心充满安全感。

在与具有多元文化背景的年轻人进行访谈时，我经常听到外国妈妈表达接孩子时的困惑，而托莫体贴的行为让我深受感动。那些参与访谈的年轻人，似乎不希望自己与其他孩子有任何不同。更令人遗憾的是，有些人甚至因为拥有外国母亲而感到丢脸。还有些人为了融入周围的环境，假装不会说英语。与大多数日本男孩的不同之处在于，托莫总是自豪地向他的朋友们介绍我，而且一直保持着他的体贴和善良的心，从未改变过。

然而即使在回到日本几年后，托莫对学习日语仍然提不起任何兴趣。尽管我不太明白他为什么会这样，但一定程度上还是能理解他。托莫五岁的时候，发生了一件几乎让我吓出心脏病的事情。那时我们还在伦敦，每个周末托莫都要去参加日语补习班。有一天，他偷溜出教室，躲在学校的某个角落里。学校通知我到处都找不到他，甚至担心他可能被绑架了。但实际上，他一直躲在学校操场旁边的一片灌木丛中。学校老师四处找他，有位老师甚至问过他是不是梅若犹巴，但他只是摇摇头。他的这个行为导致搜索时间的延长。这件事让我开始反思，他不愿意学习日语的原因可能是他认为日语代表着某种"权威"。学校教育和能乐训练强加给他一系列的规矩，再加上他父亲对他的严格要求，可能导致了他的叛逆，做出许多奇怪的行为。托莫经常把自己置于危险之中，穿着旱冰鞋飞驰、玩火，与叛逆的朋友混在一起，这让我非常担心。

在看到 Solaya 在国际学校过得很开心后，我决定将托莫也转到历史悠久的圣玛丽国际学校，以避免他的叛逆态度进一步升级。我相信环境的改变可能会使他的心态平静下来。托莫很高兴地接受了我的建议，六年级时就从日本小学转到了圣玛丽国际学校。可惜当时该校没有提供英语作为第二外语选修课程，否则托莫就能在英语方面赶上同龄人了。尽管如此，托莫仍然非常享受在校园里的时光，他积极参与各种不同的运动，并结交了许多外国友人。圣玛丽国际学校是一所竞争激烈的学校，没有特别关注像托莫这样有特殊需求的孩子。考虑到他的英语学习，中途我又把托莫送到了英国的寄宿制学校——蓝星学院留学。在那里，他与伊顿公学时期的好朋友杰克重逢，度过了两年美好的留学时光。这次留学经历不仅让托莫意识到独立的重要性，还使他掌握了一口地道流利的英语。托莫在回到日本后，又重新开始了中断的能乐训练，并与父亲犹彦一起开始在前卫戏剧中崭露头角。这一切都增强了他的自信心。

托莫回国后选择就读于大冈山国际学校。这所学校实行小班教学制度，每个班级最多只有五名学生。这样的教学模式使教师能够关注到每个学生，并鼓励他们追求个人兴趣。在此期间，托莫对电影产生了浓厚的兴趣，并开始着手创作自己的短片。他的创造力和天赋得到了老师和同学们的认可，获得了大家的支持。通过发现自己的兴趣和天赋，并以富有创意的方式表达出来，托莫渐渐摆脱了社会对他的种种束缚和父亲的严格要求所带来的挫折感，开始真正享受起在学校的时光。托莫还通过函授的方式，顺利从美国州立内布拉斯加大学林肯分校的附属高中毕业。

尽管犹彦希望托莫进入自己的母校上智大学，但由于该校没有电影系，托莫决定前往天普大学的东京分校继续学习。他同时也期待着能去学校的主校区——费城学习六个月。这令我很担心，因为托莫是一个无所畏惧的孩子，有时会开些愚蠢的玩笑。但好在他比我想象得更成熟。托莫在电影制作方面所取得的成功，大大增加了他的信心，并且他也没有再惹上麻烦。去费城学习是一场伴着激情的新冒险，也正是通过这场冒险，托莫逐渐找到了真正的自我。托莫的成长之路充满了丰富的经历与多彩的故事。对于这些宝贵的记忆，他选择用照片和纪录片的方式——记录下来。他的镜头，不仅捕捉了广岛和长崎原子弹爆炸幸存者，还深入揭示了吸毒者的痛苦挣扎，以及无家可归者渴望帮助的无奈眼神。每一张照片、每一段纪录片，都是他对人性、对社会的深刻洞察与真挚关怀。

难忘的愚人节

Solaya 开始申请大学时，首先申请的是美国和英国的大学。最终，Solaya 决定在美国接受人文教育。美国人文社科教育的优势在于，像 Solaya 这样兴趣广泛的学生可以在前两年的学习中选修多个专业的课程，之后再决定自己感兴趣的专业方向。相比之下，英国的大学要求在申请时就确定所报专业，后期难以改变。这意味着在对某个专业领域有充分了解之前，就必须先决定专业，无法同时深入探索多个领域的知识。

Solaya 的第一志愿是普林斯顿大学，该校是传统常春藤联盟学校中排名前三的名校之一。在参观了美国东海岸的几所大学后，她爱上了普林斯顿大学优美的校园环境。犹彦对她申请常春藤联盟学校持保留态度，同时也不希望她在申请失败时感到失望。尤其是当他了解到普林斯顿大学的竞争异常激烈，只有7%的申请者是国际学生，而日本学生更是少之又少时。然而，我的看法与犹彦不同，我对Solaya充满信心，相信即使尝试未果，也不会有任何损失。因为我相信她在各种教育体系中都能克服困难，这次也不例外。

2002年4月1日，对于我们全家来说是难忘的一天。那天，国际快递公司FedEx送来一份包裹。打开来一看，里面竟然是普林斯顿大学寄来的录取通知书！这意味着我们的女儿Solaya被这所大学录取了！起初，犹彦并不敢相信，怀疑这只是个愚人节的玩笑。然而，事实证明这是个真实的喜讯。全家人都沉浸在无比的喜悦之中。而令人感动的是，这一天也正好是我父亲去世二十三周年的忌日，仿佛是他的在天之灵默默地守护着我和他的外孙女。

Solaya在普林斯顿大学主修比较政治学。对她而言，能够在这样一个激发求知欲、涵盖各个领域知识的学习环境中学习，是她一直梦寐以求的。大一时，Solaya在阿富汗首都喀布尔暑期实习期间对电影制作产生了浓厚的兴趣。此后，她凭借相关奖学金，前往厄瓜多尔、柬埔寨、越南和老挝研究无家可归的儿童。出于对视频制作的热情，Solaya在我的协助下，努力以自己的方式向世界传播能乐这一古老的艺术形式。大三时，她邀请父亲犹彦参观普林斯顿，并策划由犹彦参与和讲授前卫戏剧的活动。她自己也参与了经典剧目《船弁庆》的表演，在其中扮演一位手持长剑的勇敢武将，给同学们留下深刻印象。对我而言，这是一个传播能乐千载难逢的机会，同时也是与 Solaya 一起度过校园时光的宝贵时刻。

Solaya 和托莫目前正在合作拍摄一部关于能乐的纪录片。他们希望以通俗易懂的方式讲述能乐的美感及其丰富的内涵。同时，犹彦也经常与他们讨论经典电影的艺术性。我对 Solaya 和托莫对自己所热爱事物的追求以及对艺术的热情深表钦佩。看到他们已经成长为思想自由、富有创造力、有责任感且过着充实生活的成年人，我感到无比欣慰。

回首往昔，年轻的我，早早就踏上了为人父母的冒险旅程。在这个过程中，我喜欢以直觉为导向，教育孩子们适应多元文化。与此同时，我一直致力于在日本和国外推广能乐，这也是一项充满挑战的任务。然而，我深刻地认识到，克服这两大挑战给我的人生赋予了极其深远的意义。为什么呢？其实我的内心是一个"斗士"，不容任何人阻挡我前进的道路。而这样的态度也成为孩子们的精神力量。近来，别人频频称赞我的两个孩子是我此生最大的成就，这让我感到无比欣慰。犹彦甚至对我说："他们两个是我们最完美的杰作。"

第四章

能乐走向世界

正在演出《高山右近》的犹彦。他身着由森英惠设计的演出服，非常引人注目。摄于1999年，巴黎日本文化会馆

1　为能乐注入新活力

"庆永二六年二月十三日、晴、于仙洞御所从黄昏至黎明举办了一场猿乐（即能乐）表演。梅若进行了十四至十五场表演，并获得了三千匹布的奖赏。"[①]

梅若实：振兴能乐的践行者

梅若家最初姓"梅津"。梅津家曾是京都的豪门，后来由后土御门天皇赐"若"字，改为"梅若"（日语读作 umewaka）[②]。"若"这个字在姓氏中并不常见，一般读作"waka"，因此"梅若"常常被误读为与之读音相反的"梅川"（日语读作 umekawa）。对于这样的误会我觉得很有趣，但犹彦似乎对这样的误解很是烦恼。

犹彦的曾祖父梅若实（1828—1909）是"与宝生九郎[③]

---

① 《看闻御记》（宫廷记录），成书于十五世纪左右（引用部分原为汉文，由译者将其译为现代汉语——译者注）。
② umewaka.com.
③ 宝生九郎（1837 年 7 月 10 日—1917 年 3 月 9 日）是日本著名能乐表演艺术家，是能乐宝生流的第十六代宗家。本名是宝生知荣。自明治维新以来，能乐一直处于衰落状态，而他在能乐的复兴过程中发挥了核心作用，与梅若实和樱间伴马并称为"明治三杰"。——译者注

及樱间伴马^①并称为'明治三杰'的人物之一"^②。犹彦曾在一次访谈中提到了曾祖父对能乐的贡献，他说："能乐以前受幕府的庇护，是只属于特权阶层的艺术。在 1867 年大政奉还后，旧制度崩塌，没有了幕府庇护的能乐迎来了史上最艰难的时期。许多能乐师不得不离开江户，离开能乐舞台，以经商维持生计。然而，尽管处境艰难，我的曾祖父梅若实从未放弃，继续坚守能乐，并采取了一系列前所未有的措施，如通过收取门票来维持演出。他还呼吁包括众多名角在内的能乐师们返回东京，在开放的市场上寻找属于自己的一席之地。"^③

梅若实生于为江户的宽永寺提供服务的鲸井家，后被梅若家族收为养子。虽然并非出身于能乐世家，但在能乐失去幕府的资助，能乐界面临存亡危机时，他毅然挺身而出，全力以赴将能乐重新发扬光大。他的一番话至今让人铭记于心："我无法想象放弃能乐会怎样，我深信即便到死，我也不会停止吟唱谣曲。在明治元年，我选择继续在舞台上演唱谣曲。"^④

宝生九郎曾称赞梅若实道："在那个没有人表演能乐的时

---

① 樱间伴马（1836 年 1 月 6 日—1917 年 6 月 24 日）是金春流的能乐表演艺术家。于 1911 年后改名为樱间左阵。——译者注

② the-noh.com, Great Masters Major Figures in the History of Noh.

③ "Noh master calling U.K.college alumni", by Angela Jeffs, *Japan Times*, July 2,2000.

④ 池内信嘉《能乐盛衰记》下卷，东京创元社，1992 年，第 5 页（引用部分原为汉文，由译者将其译为了现代汉语——译者注）。

代，即便你唱一首谣曲，也会被人扔石头。但梅若实以其非凡的毅力，忍辱负重，坚持能乐表演，可谓伟大至极。"[1] 当时，宝生九郎原本想放弃能乐拾起锄头，以种地为生，但在梅若实的劝说下，他重新回到了能乐界。

难以想象在明治维新期间，能乐师们经历了如此多的敌意和困难。有报纸曾报道某能乐师投河自尽的消息[2]。还有记录显示，有些人甚至穷困潦倒到不得不卖掉自己女儿的地步[3]。回想起曾祖父及其支持者的毅力和决心，以及他们为改变公众对能乐的看法、推动能乐发扬光大所做的努力，我深感敬佩。

向世界传播能乐的外国人

为了让能乐这一传统艺术走向世界，我们不仅需要像梅若实这样的能乐大师来振兴能乐，还需要像美国东方艺术史学家恩内斯特·弗朗西斯科·费诺罗萨（Ernest Francisco

---

① the-noh.com,Great Masters Major Figures in the History of Noh.
② 1875 年（明治八年）6 月 26 日的《横滨每日新闻》报道了此事（仓田喜弘编《明治的能乐》1，日本艺术文化振兴会，1994 年，第 50 页）。
③ 同上书，第 59-61 页。

Fenollosa）[1] 这样的"先驱者"积极地向外国学者介绍日本的能乐。费诺罗萨曾在梅若实门下学习并深受其熏陶长达二十余年，成为第一个认真研究能乐的非日本籍学者。费诺罗萨还留下了他在梅若实门下学习的记录。1901 年发表在美国东洋史学会杂志上的一篇名为《论日本抒情诗剧》的文章中，费诺罗萨探讨了能乐的美意识与伦理性之间的关系。他写道："能乐的美和力量是精神高度集中的结果。服装、手势、谣曲和音乐的各个元素都浑然一体，给人留下深刻印象。"

费诺罗萨一定目睹了一场精彩绝伦的能乐演出，他真切地感受到这古老的艺术形式中所蕴含着的巨大能量和各种元素完美融合的魅力。正是这些亲身经历，使得他笔下的能乐作品栩栩如生、引人入胜，受到了许多知名诗人和作家的关注。费诺罗萨于 1908 年离世后，他的遗孀将遗稿托付给当时备受瞩目的诗人艾兹拉·庞德，委托他整理出版一本能乐的书籍。庞

---

[1] 恩内斯特·弗朗西斯科·费诺罗萨（1853—1908）是美国东方史学家、汉学家和艺术史家。他在 19 世纪末 20 世纪初，通过对日本文化的深入研究和推广，为西方人对日本艺术的认识和理解作出了卓越的贡献。他不仅对东京美术学校（今东京艺术大学）的创办、明治时代日本的美术研究、教育及传统美术的振兴、文化财保护制度的建立均有贡献，且在其就任波士顿美术馆中国日本美术部部长期间，与其学生冈仓天心对东亚艺术的收藏和鉴赏奠定了亚洲艺术的西方标准，从而深刻影响了美国博物馆的东亚艺术品位。——译者注

德在撰写关于能乐的文章时希望得到同行指点，于是他又将这些珍贵的遗稿拿给英国东方学家亚瑟·韦利 [①] 看。韦利随后将其中的 19 部能乐作品翻译成英文并出版。这部名为《日本能乐》的译作对当时的戏剧界产生了相当大的影响。而当时正忙着以诗歌的形式改编费诺罗萨遗稿的庞德，还向著名的爱尔兰诗人威廉·巴特勒·叶芝展示了该遗稿。深感能乐魅力的叶芝盛赞能乐是一种"委婉、富有象征性且独一无二的"戏剧形式。

根据保罗·西姆·普罗莱特（Poh Sim Plowright）的观点，"庞德和叶芝不仅发表了与能乐相关的文章 [②]，还以此为基础，以独具创造性的方式从事着戏剧创作，为世界戏剧带来了一种融贯中西且极富创造性的联系" [③]。正如上文所述，叶芝受

[①]　亚瑟·韦利（1889—1966）是英籍东方学学者及汉学家。他坚持不懈地研究东方学与中国学，并致力于把中国古典名著翻译成英文。他精通汉文、满文、梵文、蒙文、西班牙文，专门研究中国思想史、中国绘画史、中国文学和日本文学，成绩斐然。到 1966 年逝世前，共著书 40 种，翻译中、日文化著作 46 种，撰写文章 160 余篇。——译者注

[②]　Ezra Pound. *Certain Noble Plays of Japan:From the Manuscripts of Ernest Fenollsa*, 1916, Preface.

[③]　Poh Sim Plowright, *op*.cit.

到能乐这一戏剧形式的启发，创作出以《鹰之井》（1916 年）[1]
为代表的戏剧作品。《鹰之井》在国外首演取得巨大成功后传
入日本。1990 年，叶芝和庞德国际学术研讨会在美国缅因大
学举行。犹彦在大会上生动演绎了《鹰之井》这部能乐，展示
了叶芝和庞德的贡献对现代主义戏剧的持续性影响。正是梅若
实为能乐的传承所作出的不懈努力和富有远见的举措，尤其是
他慷慨地向外国人传授能乐的行为，为能乐在海外的传播发挥
了至关重要的作用。也正是凭借梅若实的远见卓识和坚定不移
的努力，才使能乐得以流传至今[2]。

---

[1] 1916 年首次在伦敦上演的《鹰之井》讲述了海边孤岛上一眼不老泉
的故事。一位老人日夜守候，等待泉水涌出以求长生不老，年轻的
爱尔兰英雄也来求取泉水。而泉水的守护者鹰姬下咒，每逢井水升
高，鹰姬起舞，老人即昏睡过去。年轻人不甘，拔剑搏斗，却被鹰
姬封入岩石，遭受永劫。有趣的是，这部作品因对日本能剧、爱尔
兰神话、古希腊悲剧的奇异融合，此后被各路艺术家频频"取典"。
1949 年，日本的能剧研究家横道万里雄改写《鹰之井》，创作出剧
本《鹰之泉》。1967 年再度改编后以《鹰姬》的名字正式上映。——
译者注

[2] 犹彦的表兄弟梅若玄祥继承初代梅若实的衣钵，持续活跃在能剧舞
台上。他在 2018 年承袭了"四世梅若实"的名号。

"新作能"[①] 的战略

犹彦的曾祖父长期致力于能乐的海外传播，犹彦也紧随其脚步，努力让包括外国人在内的更多的普通大众能够欣赏到能乐这一艺术形式。作为其中的一部分，犹彦推出了全新的能乐剧目，然而这种带有实验性的演出在传统能乐界被视为大忌。犹彦在排演古典剧目的同时，从大学毕业后就开始专注于创作"新作能"。他参与的"新作能"在编排上遵循了传统能乐的"所作"和"型"，但故事情节有所创新和突破。因为犹彦坚信，这一做法可以为能乐界注入新的活力，不仅有利于吸引新观众，也是保护传统的一种有效的方法。他的主张是："只要我忠于先父的美学，为此可以随时偏离正统。"[②]

在能乐界，偏离传统经常被视为异端。起初，业内人士纷纷对犹彦的尝试表示不满，认为他不尊重严谨的能乐传统，甚至排挤他。其中一位乐师因与犹彦意见不合而大发脾气，甚至阻止其他乐师与他合作。还有人批评他过于标新立异，正如俗语所说："枪打出头鸟。"然而，无论遭受多大的打击，只要

---

① 明治（明治元年为 1868 年）以后创作的剧目叫"新作能"。新作能的取材多样化。有的取材于近现代诗歌、小说、戏剧等文学作品，甚至漫画，有的取材于时事或事件，例如 2005 年上演的《原子弹爆炸祭》。——译者注

② "Why a Noh Master said yes to a movie role", by Susan Tsang, *News*, 1995.

你坚持不屈服，最终人们将会认可你的价值。幸运的是，在能乐界仍有一些人，他们与犹彦的观点一致，并愿意参与他的新作能项目，至今仍在支持他。

在做好接受批评的心理准备后，犹彦以"仕手"的身份编排并表演了许多"新作能"。他首次尝试的作品名为《漂炎》（*Drifting Fires*），于 1985 年首演。该剧以外太空的旅行者为主角，他们降落到末世之后的地球上，与人类最后一位女性的亡灵相遇，见证她为已逝的美丽的地球而起舞。尽管是用英语表演，但作品的结构却保留了能乐的形式①。该剧的作者珍妮·贝奇曼（Janine Beichman）是一位日本文学研究者，她力邀犹彦出演该剧的主角。尽管我认为用外语表演可能会削弱能乐表演的精髓，但当他铿锵有力的唱腔在历史悠久的增上寺内回响时，依然传递出了剧中人物对毁灭地球的悲痛之情。

理查德·埃默特（Richard Emmert）是一位能乐表演艺术家和音乐学家，他对犹彦的评价如下："梅若犹彦先生以其大胆的表演，演绎了多部新作品。之所以称他'大胆'，是因为在能乐界，他是少数勇于突破传统剧目的演员之一。通过不断演出新作能，他鼓励其他能乐师要敢于打破常规。"②

---

① 该剧在日本国际科学技术博览会（筑波万博科学展）上进行了首演。后又在 1986 年东京港区芝公园的增上寺进行了改良版演出。

② *Mainichi Daily News*, Feb.11, 1991.

通往梵蒂冈宫的路

在犹彦编排并出演的新作能中，我格外喜欢那些基督教题材的作品。正如前文所述，犹彦自幼在基督教的熏陶下成长，并毕业于天主教耶稣会开设的上智大学。而上智大学的门胁佳吉神父 [①] 曾经创作了一部名为《翁千岁》（翁是指以老人的形象出现的神的使者）的作品，并亲自邀请犹彦用拉丁语来演绎这场能乐。1986 年元旦，在东京麹町圣依纳爵教会的元旦弥撒仪式中，这部能乐首次上演。门胁神父希望通过融入能乐元素来提高弥撒的吸引力。他在谈及为何使用拉丁语进行演出时提到，"弥撒所使用的文本就是拉丁文，但翻译后导致原有的韵律荡然无存，变得难以领会其内涵" [②]。

《翁千岁》这部作品的音乐部分，是由唱诗班演唱的拉丁文格里高利圣咏曲，与能乐"地谣歌队"演唱的谣曲交替呈现。这种二重奏由当代作曲家细川敏夫编曲。这首曲目可谓创意十足，它将传统能剧《翁》的音乐元素，与礼拜中的主要祷文"Kyrie Elaison"（主啊，请怜悯我们）和"Gloria in excelsis Deo"（荣耀归于至高无上的主）相结合，将能乐和天主教这

---

① 门胁佳吉神父曾任上智大学东方宗教研究所所长。著有《身体的形而上学》（岩波书店）。

② "The Gospel according to Noh", by Ayako Hirao, PHP Intersect , Aug.1987.

两个特殊元素融合在一起，营造出一种响彻整个教堂的旋律。观看演出时，我仿佛置身于童年时代，回想起在贝鲁特，每周与父母一同参加弥撒吟唱圣歌时的情景。这种感觉深深地触动了我。

由于观众们对演出的热情和积极反响，门胁神父决定委托犹彦编排更多天主教主题的"新作能"。《耶稣的洗礼》就是其中之一。这部作品由门胁神父创作，并于1987年在国立能乐堂首次公演。作家木崎聪子在《每日新闻》上撰文评论道："……最让我惊讶的是，当我全神贯注地欣赏这段祭神舞时，眼前仿佛突然出现了一片沙漠景象。尽管我对中东的沙漠并不了解，但那茫茫沙漠中显现出蜿蜒起伏的沙丘，一人正手持扇子，庄严而孤独地舞动着。……流浪者之舞本身就是一种来自神灵的启示。"[1] 由于得到许多积极的评价，门胁神父开始寻求赴国外演出的机会。

当我和犹彦从时任上智大学校长约瑟夫·皮托（Joseph Pittau）神父处得知，我们将受邀于第二年圣诞节前夕在梵蒂冈宫和罗马圣依纳爵教堂演出《耶稣的洗礼》时，我们简直欣喜若狂[2]。我立刻把这个好消息告诉了犹彦的母亲罗莎和我的姐姐玛丽·罗斯。她们都是虔诚的天主教徒，非常渴望陪同我

---

[1] 《每日新闻》（晚报），1987年1月31日。
[2] 在罗马演出后我们又受邀前往布鲁塞尔圣雅克布教堂演出。

1989年圣诞节前夕，在梵蒂冈宫中表演《耶稣的洗礼》后，犹彦与教皇约翰·保罗二世

们一起去见教皇约翰·保罗二世。尤其是姐姐玛丽·罗斯听到这个消息后兴奋不已。她毕生致力于撰写有关犹太基督教文化的书籍。虽然我个人并不是虔诚的信徒，但能在梵蒂冈宫那样豪华绚烂的环境中观赏能乐表演，仍然让我感到无比激动。教皇端坐在被列奥纳多·达·芬奇和拉斐尔的艺术品环绕之中的场景，我至今难以忘怀。

犹彦出色地扮演了施洗者圣约翰的角色，他用扇子轻轻一挥，优雅地展现了基督徒接受洗礼的场景，如同在教堂里用水进行洗礼仪式一样。这种简练而流畅的动作正是世阿弥所称的"花"①的精髓所在。换句话说，演出的"格调"越高越庄重，表演就越简洁。演出结束后，教皇用日语宣读了一封感谢信，让我们深受感动。当教皇握着我的手，凝视着我的眼睛，并用法语对我说"我每天都为你的国家祈祷"时，那一刻，我感动得无以言表。我立刻意识到他指的是黎巴嫩内战。当时，那场战争已经持续了十四年，而且看不到任何结束的迹象。

在罗马的圣依纳爵教堂，我目睹了一场让人难以忘怀的表演。犹彦站在祭坛上，表演着能乐中的传统舞步——"足拍子"②，他的声音在整个教堂回荡，给参加弥撒的观众留下了深刻印象。音乐评论家范特仕（V. Fantuzzi）对这场演出发表了如下评价："虽然我对能乐一无所知，但当我亲眼观看演出时，我能清楚地感受到，这种舞蹈是真正的'祈祷'，是与神灵亲密接触的表达方式。"③

这次赴梵蒂冈和罗马的演出，让我、罗莎和玛丽·罗斯一起度过了一个难忘的圣诞节。作为一个热爱旅行的人，这次意大利之行为我提供了探访西斯廷教堂、万神殿和博尔盖塞美术

---

① Rimer, T. and M. Yamazaki, op. cit., xii.
② 足拍子（あしびょうし）是能乐的表现形式之一，指的是抬脚用力踩踩舞台的地板。根据踩几次的不同，分为"一拍子""二拍子""四拍子"等。在踩很多下的时候也被称为"数拍子"。足拍子可以表现出各种各样不同的感情和气氛，在能乐中非常重要。——译者注
③ "Un 'No' Cristiano", *La Civilta Cattolica*, Feb. 4, 1989.

馆的机会。此外，我还参观了罗马斗兽场，这让我想起了位于巴勒贝克和提尔这两座城市里相似的神庙。这两个城市现位于黎巴嫩，曾在公元前 64 年被罗马统治的腓尼基城邦占领。在旅行途中，我和罗莎一起购物，一起品尝意大利美食。而在罗马的许愿池[①]边，我非常渴望将硬币扔进喷泉，并许个愿，但结果却差点害得我们误机。传说中，只要你往喷泉里扔一枚硬币，你就还能回到罗马。多年后，当我再次来到罗马时，便印证了这个传说确实不虚。

作为制作人推广能乐

从策划阶段开始，我参与了面向国内外观众的能乐演出的筹备工作。我会向制作人提供犹彦的演出作品集，并挑选他过去演出的照片和视频作为参考资料。一旦演出细节确定，我还会参与到票价讨论、资料准备以及示范讲座的策划等工作当中。

在演出当天，我会密切关注观众入场的情况，负责接待贵宾。如果有尊贵的来宾，情况就会变得更加复杂。我们曾经非常荣幸地邀请到当时的清子内亲王黑田清子殿下来观看《高

---

① 又称为特雷维喷泉（Fontana di Trevi），位于意大利罗马。许愿池喷泉是罗马境内最大的也是知名度最高的喷泉，也因此成为罗马的象征之一。——译者注

山右近》①的演出。为了满足公主的安保需求，仅座位我们就为随行人员准备了十个。同时，各家媒体也纷至沓来，现场采访的安排也需要我们做好周密的准备。

按照惯例，演出结束后要为所有演出人员、制作人和其他嘉宾安排一场庆功晚宴。在协助安排海外演出时，我还会为演出人员安排交通和住宿，并在必要时提供签证申请材料的帮助。正因为日本人注重细节，所以我们必须尽善尽美地做好一切工作。

在筹备新作品的服装定制事宜时，我会主动与那些对与犹彦合作抱有浓厚兴趣的艺术家取得联系，并精心安排他们的会面，尽我所能促成双方的合作。在策划新作品时，特别定制的原创服装往往会影响到观众对舞台的印象。因此，犹彦经常寻求他所欣赏的几位著名设计师的帮助，如森英惠、小篠顺子②和久保田一竹等。

我曾经有幸在森英惠高级时装秀结束后的招待会上，见

---

① 《高山右近》这部作品以加贺乙彦创作的长篇小说为创作来源，讲述了日本基督教封建领主高山右近的故事。右近生于 1552 年，因信仰基督教而被驱逐出日本，逃往马尼拉。——译者注

② 小篠顺子是日本时装设计师，在日本国内与山本耀司、高田贤三齐名。小篠为犹彦及静冈文化艺术大学的学生出演的前卫戏剧《戏中咖啡店》（ *The Coffee Shop within the Play* ），用黑色材料设计了螺旋形崭新的服饰。该剧在原宿 Quest 举办的"时空的扭曲维度"（ Distortion Dimension on Time and Space ）研讨会中上演。

到了著名和服设计师久保田一竹先生。久保田先生身着一袭华丽的和服，腰间系着一条腰带，腰带上点缀着来自世界各地的彩色珠子，熠熠生辉。他以复原了日本古代染色技艺"一竹辻花染"而闻名。久保田先生为《耶稣的洗礼》设计的新和服堪称杰作。扮演洗礼者约翰的犹彦身着明亮的翠绿色和服，上面绘有精致的白色花卉图案，与庄严的作品相得益彰。

某天，我应邀前往位于河口湖畔的久保田一竹博物馆的露天舞台，策划一场节目，有幸一边与艺术家本人交流，一边推进工作。那天，犹彦身穿久保田先生制作的精美和服，在火光中表演能剧的情景至今仍历历在目。舞台四周竹林环绕，可将富士山和河口湖的美景一览无余，整个舞台在篝火的映衬下显得格外美丽。演出中，当犹彦把身上的和服抛进湖中时，引发了全场观众的惊呼，这一幕非常有趣。实际上，这件和服在设计时加了一层不起眼但具有防水功能的薄乙烯基薄膜，可惜大多数观众并未察觉到这一细节。

犹彦还曾穿着由森英惠女士设计的服装登台表演。那是森女士首次为能乐设计服装。她为主角高山右近设计了两套风格迥异的祭司服，一套为黑色，另一套为白色，样式如同一件时髦的斗篷。这部全新且具有突破性的剧目《高山右近》曾在上野的东京文化会馆等地上演。在剧场，在"地谣"（合唱团）座位的后方，有一支完整的西洋管弦乐队演奏野田晖行所作的配乐，与能乐中的"囃子方"（乐师团，主要有笛、小鼓、大鼓、太鼓）相呼应。该剧还曾于1999年在巴黎日本文化宫上演，获得了极高的评价。

2 转机

一个电话

那是发生在1988年12月的一件事情，当时我正在伦敦等待转机前往梵蒂冈的途中。我给伦敦大学皇家霍洛威学院打了一个电话。皇家霍洛威大学的戏剧表演专业在世界范围内都享有盛誉。因此，我想打电话询问他们是否有兴趣举办一场英语讲解的能乐讲座。幸运的是，我直接联系上了研究能乐的波西姆教授（Poh Sim Plowright）。当她在电话那头听到这个消息时，非常兴奋，并欣然地接受了我的提议。这让我对这次活动充满了期待。

犹彦接受了皇家霍洛威戏剧学院的邀请，举办了为期一周的能乐工作坊。在此期间，犹彦表现出了非凡的才华和深厚的能乐功底，赢得了大家的一致认可。由此波西姆教授和皇家霍洛威学院戏剧系决定正式邀请犹彦到该系任教，旨在英国推广能乐。此外，他们还同意给犹彦提供攻读博士学位的机会。戏剧系主任大卫·布拉德比（David Bradby）教授在谈及邀请犹彦的原因时表示："通过近距离欣赏伟大的能乐大师的表演，我们深信日本古典戏剧传统对于当今世界所有戏剧的研究都具有至关重要的意义。"①

皇家霍洛威学院的认可不仅是对犹彦的激励，也成了我们全家的转折点。我们决定在犹彦攻读博士学位期间全家搬到伦敦。成为一名学者是犹彦一直以来的梦想，如今这个梦想即将实现，他感到非常欣喜。作为学者，他将有机会从事更深入的研究，这对他能乐事业的进一步发展将大有裨益。长久以来，他一直感到孤独，没有自己的门生和能乐舞台，也没有父亲在旁支持。然而，成为学者后，他将走上自己的道路，并建立自己的人脉关系。于我而言，搬到伦敦后，家庭的财务状况比以前更稳定，这让我感到欣慰。

1991 年，正值犹彦攻读博士学位期间，波西姆教授在皇家霍洛威学院创办了能乐中心。更为难得的是，他还成功获得了日本文化节执行委员会和三菱汽车公司的资金支持，用未上漆的枫木搭建了一座常设性的能乐舞台。据校方介绍，这是日本境外唯一的常设能乐舞台。

---

① *The Times*, Dec.1989.

犹彦一边潜心研究能乐理论和传统舞蹈所蕴含的深刻意境，另一方面积极参与伦敦各类戏剧节的演出。在迎春舞蹈节上，他创作并演出了现代剧《投缘》（*Qui Affinity*）。1991年，他与英国演员合作，根据三岛由纪夫的剧本《萨德侯爵夫人》编排了一部能乐作品。这部作品充满了迷人的魅力和诗意，以独特的形式融合了日本式的感性和西方的主题。通过《萨德侯爵夫人》的创排，犹彦开始尝试不同的能乐风格，并与舞蹈家、音乐家和其他不同领域的艺术家展开合作。

在犹彦创作的众多实验性戏剧中，我尤其喜欢《可口可乐》这部作品。在这部作品中，犹彦身着袴（日本传统男性服饰）登场。在爵士乐的背景音乐下，犹彦不停地移动双脚，然后拿起一罐从天花板上悬吊下来的可乐，郑重地打开，倒入杯中，然后一饮而尽。他在舞台上所营造的雾气氛围下完成了这一系列的动作，引得观众们笑得前仰后合。《星期日泰晤士报》评论家纳丁·梅斯纳（Nadine Meissner）用"明珠"[1]一词来形容这次演出。这一评价让犹彦感到欣喜不已。在这部作品中，爵士乐与犹彦优雅、多变和干脆利落的动作完美融合，形成了一道独特的风景线。然而，我并不认为这是一部传统的能乐作

---

[1] "简直就是今年迎春舞蹈节上绽放的一颗明珠。"美国大众文化的象征——可口可乐已经流传了几个世纪，通过程式化的能乐来进行演绎，是一种刻意的自嘲（《星期日泰晤士报》，1994年2月27日）。

品，或许将其称为现代风格的能乐改编作品更为贴切。

在皇家霍洛威学院的最后一年，犹彦与学生们一起创作了一部戏剧。在演出当天，我特意选择坐在后排的座位上，因为日本人习惯给观众留最好的座位。没想到，波西姆教授竟然找到了我，并说服我坐在前排。他说："如果没有你，犹彦就不会在这里。"

回想起来，仅一个电话就改变了犹彦和我们一家人的生活。我非常感谢波西姆教授对犹彦潜力的信任，给了我们全家在伦敦度过四年惬意生活的机会。当我得知可以再次回到英国生活时，我内心是多么的雀跃！除了糟糕的天气，伦敦确实是一座迷人的城市。这里有很多价格实惠的音乐会、音乐剧、戏剧表演等演出，去郊区旅行也很便捷。另外，由于长期居住在英国，犹彦可以更方便地在欧洲各地进行能乐讲座和表演。对我而言，我离住在伦敦北部平纳镇的哥哥乔治和住在巴黎的妹妹宝琳更近了，而且飞回黎巴嫩看望母亲也只需四个小时。

樱花与能乐

当我开始担任能乐活动的制作人时，我对这份工作倍感自豪。其中最难忘的一次经历是与法国某化妆品及香水品牌的合作。2004年，该公司希望在一年一度的"樱花盛典"上举办一场特别活动，并选择了幽雅的东京自由学园·明日馆作为活动场地。策划这场特别活动的任务落到了我的肩上，我决定邀请犹彦和著名小提琴家川井郁子进行联合演出。能参与到如此规模盛大的活动让我倍感荣幸，我欣然接受了这一挑战，并全力以赴。

当时，该公司正在推出一款新香水——L'Instant de Guerlain，那时正值春天，樱花盛开之际，因此，我决定将晚会命名为"La Magie de l'instant"，意为"瞬间的魔法"，既是为了纪念这款香水的推出，同时也寓意着樱花绽放美丽而短暂的生命。这次活动规模空前，吸引了很多社会名流和外国外交官的出席。

然而，就在活动前两周，气温突然升高，导致樱花比往年提前开始绽放，这让我焦虑不安。好在后来天气又转凉，我才松了口气。活动当天，樱花如约绽放，仿佛被施了"魔法"一般，展现出奇幻美景。由美国建筑师弗兰克·劳埃德·赖特（Frank Lloyd Wright）设计的白色校舍在粉色和紫色的灯光照耀下，与樱花的色彩交相辉映，营造出宛如童话般绚烂的世界。观众们被当天精彩的表演和会场的氛围所深深吸引。

犹彦身着森英惠设计的蓝色舞衣，伴随着川井郁子用斯特拉迪瓦里小提琴演奏的迷人音乐，翩翩起舞，赢得观众们的阵阵掌声。活动结束后，当我准备上车回家时，天空突然下起了雨。原来，活动当天恰好是我父亲逝世二十五周年的纪念日，

"樱花盛典"会场的东京自由学园·明日馆，该馆由弗兰克·劳埃德·赖特设计

仿佛是他的在天之灵保佑着我，让这次活动圆满完成。那一刻，我内心充满了对父亲的思念和感动，泪水在眼眶里打转。如果他还在世，我想他一定会给我一个温暖的拥抱；他一定会为女儿在异国他乡追寻梦想而感到无比骄傲。那一天，对我来说既是父亲的忌日，也成为我一生中最难忘的瞬间之一。

陪同犹彦海外巡演

我还特别渴望能陪犹彦去海外巡演。我喜欢看他在异国他乡、不同文化背景下表演，并与对能乐感兴趣的人进行交流。如果我们访问的国家生活着很多黎巴嫩移民的话，我也想了解他们的经历以及他们如何适应新环境。有一次，我们在巴西圣保罗·伊皮兰加独立公园举办了一场名为《薪能》的能乐表演。犹彦还邀请了能乐表演艺术家桥冈久马一同参与此次演出。演出恰逢 1997 年明仁天皇访问巴西。据说南美洲生活着一千万左右的黎巴嫩移民，所以我非常期待能够见到生活在巴西的黎巴嫩人[①]。

为了这次演出，犹彦亲自绘制了舞台的平面图。他突破性地选择了一座二十五米长的桥挂（又称廊桥）作为舞台道具，因为这符合他的喜好。不料，临时搭建的"桥挂"却奇长无比，而且没有一根护栏。在能乐表演中，"桥挂"（廊桥）发挥着连接现实世界和虚幻世界的重要作用。演出计划持续四个晚上，门票已经全部售罄。令我印象深刻的是，巴西观众裹着毯子，静静地坐在寒冷的露天广场上，全神贯注地观看着舞台。

为了庆祝巴西巡演的成功，我们前往阿根廷和巴西边境的伊瓜苏旅游。壮观的伊瓜苏瀑布给我们留下了深刻的印象。乘船游览时，我们被宏伟壮丽的瀑布景色所深深吸引，即使穿着

---

① 黎巴嫩后裔名人众多，包括巴西前总统米歇尔·特梅尔（Michel Temer）、墨西哥商人兼政治家卡洛斯·斯利姆（Carlos Slim Helú）、活跃在美国的女演员萨尔玛·海耶克（Salma Hayek Pinault）、歌手夏奇拉（Shakira）以及日产汽车和雷诺汽车前董事长卡洛斯·戈恩（Carlos Ghosn Bichara）。这次，主办方安排我们下榻的酒店恰好是黎巴嫩人拥有的马克苏德广场酒店（Maksoud Plaza Hotel）。

雨衣，仍浑然不觉湿透了全身。另外，我们还去了科尔科瓦多山。山上矗立着基督救世主的巨大雕像，站在那里可以俯瞰里约热内卢的美景。这令人陶醉的风景勾起了我对黎巴嫩哈里萨的回忆，那里有一座"黎巴嫩圣母玛利亚"的雕像。过去，我经常和母亲一同站在那里，眺望着远处波光粼粼的大海。

另一个值得一提的海外演出，是为庆祝日本和突尼斯建交五十周年举办的迦太基国际戏剧节。在那里，我亲身感受到了古老迦太基浓郁的历史氛围。相传，迦太基是公元前 814 年由腓尼基城邦推罗的女王黛朵建立的。而演出场地的古罗马废墟，恰如其分地展现了犹彦演出的现代戏剧《汉尼拔》与历史的内在联系。在这一背景氛围的烘托下，足智多谋的名将汉尼拔的亡灵仿佛就在眼前复活了一般，令人动容。

海外演出最开心的是与亲朋好友团聚。我在突尼斯见到了我的表妹莱拉，在悉尼重逢了一些老朋友。四十年后能再次相聚，我们都非常高兴。我的老朋友们还参加了我组织的犹彦的演出和能乐讲座，这让我深受感动。

在博登湖畔演出《屋岛》(弓流·素动)

无论何时，探访一个新的国家总是令人心情激动。而参观奥地利布雷根茨博美术馆的行程尤其令我难以忘怀。这座拥有绝佳空间设计的美术馆由享有盛名的瑞士建筑师彼得·卒姆托（Peter Zumthor）设计，整个建筑外墙被大片玻璃所覆盖，以其简约的建筑风格而闻名①。坐落在博登湖畔的这座美术馆也成为能乐表演的理想场所。这次演出实现了我们与摄影师兼建筑师杉本博司合作的心愿。杉本博司设计的木制能乐舞台，极为简约精致。他还运用了自己拍摄的两联《松树图》来取代传统的古松镜板背景。这一别具一格、富有艺术感的创意，为演出增添了独特的韵味。

能乐传统剧目《屋岛》（弓流·素动）正是在这一舞台上进行公演。该剧讲述了源平合战中关键战役——"屋岛之战"②的故事，由犹彦扮演源义经的亡灵。为了精准地再现"屋岛之战"的氛围，并为观众营造一种身临其境的感觉，演出方精心选取了实际拍摄于古战场——屋岛的摄影作品作为舞台背景。在舞台上，微弱摇曳的烛光照亮了四周，营造出一种沉浸于历史上那个战火纷飞时代的感觉。正是这种沉浸感吸引着我，让

① 卒姆托在谈及设计理念时曾说："从外面看，该建筑就像一盏灯，通过吸收天空中变幻的光线和湖面的薄雾，建筑的外表反射出不同的光影和色彩。随着视角、日光和天气的变化，传递出蕴含在建筑内部的生命力。"

② 屋岛之战发生于日本平安时代末期，为源平合战的关键战役之一。1185年2月，在一之谷之战中败北的平氏军退至屋岛（今高松市），防御源氏军从海上进攻。然而，源义经却率兵从摄津（今大阪府）前往阿波（今德岛县），沿陆路从背后突袭平氏军。平氏军退居海上，远逃至下关。——译者注

我尽情享受着传统的日式布置与前卫博物馆建筑之间的视觉冲击。

演出结束后，一位来自奥地利的著名舞台剧导演找到了我。他告诉我，在犹彦饰演的源义经身上，他"看到了一个真正的武将"，这令我非常高兴。对于能乐师而言，能够让观众真切地感受到他所饰演的角色，是一种莫大的褒奖。与常见于美国或印度电影中夸张地表达愤怒或恐惧的表情和动作不同，犹彦在扮演源义经时将战斗场面展现得淋漓尽致。通过他的演绎，观众能够真实地感受到一个真正的武将的存在，这着实令人惊叹。世阿弥并不主张情感外露，因为他认为过于丰富的动作和表情，会扰乱舞台的和谐，破坏精湛的表演艺术。

随后，《屋岛》（弓流·素动）亦被安排在纽约迪亚艺术中心进行演出。值得一提的是，此次公演的日期定于 2001 年 9 月 11 日美国遭受恐怖袭击后的三周后。这一特殊时期无疑为该剧的演出蒙上了一层凝重与不安的阴云。当时，犹彦和其他人对前往纽约感到焦虑不安，担心后续还会发生更多的恐怖袭击。除此之外，犹彦还对我的黎巴嫩身份表示担心，担心会在入境美国时遇到问题。在如此严重的恐怖袭击之后，西方人对有中东血统的旅行者产生怀疑并不足为奇。

幸运的是，我在那时已经成功获得了日本国籍①。当我拿出日本护照给美国移民局官员看时，他们似乎对我持有日本护照感到非常惊讶，但并未详细盘问我的国籍问题，只是简单地说："日本护照值得信赖。"这让我和同行的十位演出人员都松了一口气。此外，由于大多数同行人都不会说英语，我还给大家充当了翻译的角色。

共同主演《李尔王》

犹彦一直积极与来自不同领域的外国演员合作。1996 年，日本国际交流基金亚洲中心制作了一部史无前例的跨文化戏剧作品《李尔王》。该剧改编自莎士比亚的《李尔王》，共聚集了来自中国、印度尼西亚、日本、马来西亚、新加坡和泰国六个国家的三十五名艺术家。

剧本由日本的岸田理生创作，新加坡的导演王景生执导。犹彦在剧中分饰李尔王和妻子两个角色，中国京剧演员江其虎则反串大女儿高纳里尔一角。在表演过程中，演员们使用各自

① 之所以这么说，是因为我有过这样的经历。1995 年，久保田一竹在史密森尼美国艺术博物馆举办和服展，与此同时，主办方还策划了与之呼应的"辻花之舞"的演出。因此，我们不得不远赴美国参加此次演出。当时由于我持的是黎巴嫩护照，导致我们一行人的行李遭到了检疫犬的检查。这件事促使犹彦加快了为我获得日本国籍的步伐，终于在 2000 年我成功获得了日本国籍。在此之前，每次申请签证还需要提交结婚证，非常耗费时间。

《李尔王》剧照，上方为中国京剧演员江其虎

的母语进行表演，并融入了各自文化所特有的动作和风格。

　　《李尔王》于 1997 年在东京涩谷文化村影院首演，随后在中国香港、新加坡、雅加达、柏林、哥本哈根和澳大利亚的珀斯陆续演出。该剧融合了亚洲各种元素，充满了激情，仅排练就历时两个半月。在新加坡的排练中，来自不同国家的演员齐聚一堂，展现了壮观的跨文化交流的场面。演员们使用印尼语、日语、中文和泰语等多种语言，为该剧增色不少。这部剧展示了一味追求权力将不可避免地摧毁健康的心灵和正常的人际关系的道理。

观看《李尔王》激发了我对不同文化之间的互动、传统与现代、新旧关系及其边界等一系列问题的思考。这部作品不仅展示了上述几种关系之间的和谐共存，还揭示了它们之间的冲突。该剧以贪婪和权力为主题，尤其突出了新老两代人之间的矛盾，以及由此引发的恶性暴力循环。这不禁让我联想起一直困扰黎巴嫩人民的武装冲突。黎巴嫩的冲突正是源自代代相传的宗教与民族矛盾。

在剧中，犹彦饰演的李尔王衣衫褴褛，象征着被赶下王位、年老昏聩的老国王。他运用内敛式的演技，将这位饱受颠沛流离之苦的国王形象，演绎得淋漓尽致。我注意到，即使乍看之下最微小的动作，也蕴含着演员巨大的能量和表演张力。正如世阿弥所说："扮演老人时，仅仅模仿老人的外表是毫无意义的，真正的技巧源自内在的表现力，即演员内心所感受到的情感变化。"[1] 在接受作家阿纳斯塔西娅·爱德华兹（Anastasia Edwards）的采访时，犹彦曾谈道："能乐并不是通过外部表情或动作来表达情感的艺术形式，但作为演员，你的内心必须感受到一系列的情感变化，从正常到绝望。"

当我见证犹彦在观众面前展现出他的才华时，我充满了自豪之情。许多观众都被绚丽的舞台和各种语言、艺术表现形

---

① 世阿弥:《申乐谈义》，岩波文库，1960 年，第 434 页。

式之间的相互交融与协调所深深折服。一位评论家这样评价道：
"各种元素有机地融合在一起，才创造出如此伟大的艺术作品。
令人惊奇的是，这部根据莎士比亚戏剧改编的前卫戏剧中还有
一些令人难以忘怀之处。例如，当李尔王看到二女儿的尸体时，
那一幕既无比压抑悲伤，又十分令人动容。"①

　　2012 年，王景生再次创作了改编自莎士比亚《李尔王》
的剧目，名为《李尔之梦》(Lear Dreaming)，犹彦也在该剧
中担任角色。与之前《李尔王》拥有二十八名演员的庞大阵容
相比，《李尔之梦》的演员阵容更为精练，仅有九位演员。中
国琵琶演奏家吴蛮、韩国宫廷歌唱家姜权淳以及电子音乐演
奏家山中彻也登台表演。作为新加坡国际艺术节的参赛作品，
《李尔之梦》在演出时采用印尼语、日语、汉语和韩语演绎，
并配有英文字幕。

　　该剧采用了最新的舞台技术之一——激光束投影。这是
犹彦首次在四面八方的激光束中进行表演。李尔在遭受女儿背
叛下，最终选择了投海自尽，而激光束则象征性地呈现出他投
海自尽时汹涌的大海景象。这项技术很新颖，展现出了人类遭
受苦难时的悲伤之美，正如世阿弥所说的"幽玄"之美。

　　该剧在新加坡公演时，我的女儿 Solaya 和儿子犹巴都陪

---

① 　Jeffery, Richard, *Daily Yomiuri*, Sept.30, 1997.

伴在我身边,这也给他们留下了美好的回忆。犹彦还特别邀请了当时年已九旬高龄的母亲罗莎。尽管罗莎年事已高,身体较虚弱,行动上需要家人的照顾,但在我的印象中,她非常高兴能够陪同儿子出国演出。

三年后的 2015 年 6 月,《李尔之梦》在巴黎市立剧院上演。我邀请了我的妹妹宝琳、叔叔沃尔夫冈、表妹朱玛娜和一位曾经住在东京的朋友前来观看演出。还有两位朋友专程从丹麦赶来,在异国他乡的相聚总是如此美好。

《李尔之梦》剧照,右一为中国琵琶演奏家吴蛮

然而,令人遗憾的是,几个月后的巴黎完全变成了另一番光景。2015 年 11 月 13 日,巴黎发生了一系列恐怖袭击事件,造成了 130 人丧生,近 500 人受伤。尽管我已经习惯了突发的战争,但这次事件还是让我不禁感叹人类生命的脆弱,

也打破了我一直以为可以在世界上任何地方感到安全的"安全神话"。

12月份，犹彦被安排在巴黎日本文化会馆演出他的原创能乐《温蒂妮》(Ondine)[1]。该剧的创作灵感来自睡眠呼吸暂停，是一种在夜间熟睡时呼吸停止的病症。当时，犹彦对即将到来的巴黎之行感到焦虑不安，而与他同行的徒弟们也有同样的感受。由于恐怖袭击事件的发生，许多人都取消了飞往巴黎的航班，因此飞往巴黎的飞机上的乘客寥寥无几。但幸运的是，这次恐怖袭击并没有影响到观众们对演出的热情，我们的演出座无虚席。在法国，歌剧和芭蕾舞剧中演出《温蒂妮》[2]的历史悠久，观众们对这一主题也非常熟悉，因此我们的演出受到了法国观众的热烈欢迎和赞赏。

犹彦的先锋戏剧

为了在古老的能乐中融入现代元素，使古老的戏剧历久

---

[1]　该能剧的作者是呼吸生理学专家本间生夫博士。他正在研究的病症是中枢性睡眠呼吸中止症候群，俗称为"奥丁的诅咒"。本间博士发现，大脑中与情绪有关的海马体神经元可以被带有节奏的呼吸激活。

[2]　又译为女水妖、水仙女或女水神，本是德国民间流传的神话故事。1811年，德国作家弗里德里希·德·拉莫特·福奎在这则神话的基础上创作了童话小说《温蒂妮》。该小说通过水之精灵温蒂妮的爱情悲剧描述了爱情的本质和人性。法国外交官兼剧作家季洛社于1939年在上述小说的基础上，创作出同名舞台剧。

弥新，犹彦开始创作自己的"先锋戏剧"。他创作的现代话剧《意大利餐厅》融入了能乐的元素，讲述了一个处于生死边缘的人爱上了一位年轻女子的故事。他们在喜欢的意大利餐厅频繁约会，然而到剧终时才发现这个餐厅多年前就毁于一场大火。该剧引发观众思考"他们是否曾经存在过"这一问题，并就此拉上了帷幕。

《意大利餐厅》，2009 年，于黎巴嫩美国大学。摄影：哈立德·艾亚德（Khalid Aiyad）

《意大利餐厅》的主人公是一个徘徊在生与死边缘的存在，他（她）的性别和某些固定观念非常模糊。虽然犹彦过去饰演过许多类似的角色，但我尤其喜欢这个角色身上的这种特点。演出时，主角身着西装，系着粉色领带，脸上戴着象征女鬼的"般若"面具。尽管"般若"面具象征着愤怒、嫉妒和痛苦，但主人公被塑造成浪漫而脆弱的形象。《意大利餐厅》由横滨艺术街区戏剧系的学生进行了首演。随后，该剧陆续在黎巴嫩、菲律宾、土耳其和意大利等地的大学上演。该剧还应邀赴土耳其的安卡拉国家歌剧院表演，作为纪念"日土友好交流一百二十周年"系列活动的一环。此外，该剧还参加了马来西亚槟城的"乔治市艺术节"（George Town Festival）。

所有公演都非常精彩，其中犹彦在黎巴嫩指导的三场演出尤其令人难忘。在黎巴嫩，包括学生在内的黎巴嫩演员用阿拉伯语演绎了这些节目。感情表现力充沛的阿拉伯语，将我内心中的日式文化和对黎巴嫩的感情有机地联系起来。当犹彦专注于作品的创意指导时，我也在忙着寻找愿意与我们合作的场地和机构，以最终实现演出的梦想。

选择合适的联系人或讨论合作事宜，往往并非易事。起初，我尝试着联系了一位戏剧研究教授，但她非常忙，实在没有余力为学生再组织一场能乐工作坊了。尽管如此，我的提议却引起了她同事的关注。最终，是她的同事组织了一场工作坊，不仅邀请了她的学生，也吸引了其他学生加入其中。演出结束后，黎巴嫩美国大学的莫娜·库尼奥（Mona Kunio）教授对我说："我非常喜欢能乐。难以想象，仅仅两周的排练时间，你们就能完成如此高水平的演出。如果是我，可能要花三个月的时间。"

然而好事多磨。就在《意大利餐厅》演出当天，一位黎巴嫩演员因排练时迟到，导致演出无法按时开始。虽然观众们早已就座等待，犹彦却丝毫没有开演的打算。他这样做只是为了向演员们表达对待这份工作应有的认真态度。虽然犹彦常常因为预算不足而不得不做出妥协，但他始终把尊重自己创作的艺术看得比任何事情都重要。因此，他要求演员们同样尊重他对工作的执着以及为工作所投入的时间。非常庆幸的是，观众们耐心地等待并观看完了整场演出。演出结束后，一些观众纷纷与我交谈，表达出他们对这部奇特戏剧的喜爱之情。

我惊讶地发现，犹彦的现代戏剧作品往往源于偶然的机会和某次交谈（当然还需要他有坚定的决心来实现作品）。与老朋友的闲聊往往成为某个长期项目的起点，同样也成为犹彦艺术生涯的转折点。比如在 2004 年，我去菲律宾马尼拉看望我的老朋友辛西娅·扎亚斯（Cynthia Zayas），她曾是我在东京大学时的朋友。当她听说犹彦正在准备《高山右近》的公演时，她表示非常乐意为此提供帮助。该剧讲述的是 1614 年被驱逐出国后逃到马尼拉的吉利支丹大名 ① 高山右近 ② 的一生。

①　吉利支丹大名是指日本从战国时代至江户时代初期期间信仰天主教，并接受洗礼的大名（大名是日本古代对封建领主的称呼）。——译者注

②　高山右近（1552—1615）是日本战国时代至江户时代初期的武将、大名，著名吉利支丹大名。——译者注

　　辛西娅向我介绍了她在菲律宾大学迪利曼分校国际研究中心的一位专门研究日本戏剧的同事。不久后，该同事所在的院系就邀请犹彦前往菲律宾大学进行能乐表演和举办工作坊。令犹彦大吃一惊的是，菲律宾学生对能乐表现出了极大的热情。因此，他在菲律宾大学任教长达十余年，并为学生创作新剧，指导他们排演新剧。由于他在菲律宾大学的长期贡献，犹彦最终荣获了菲律宾大学颁发的客座教授的荣誉证书。

3　"她是我的老板"

能乐表达了我的心声

　　每当我接到邀请策划一场犹彦的公开演出时，我总是充满激情与动力。犹彦性格内向，待人接物相对拘谨，因此有些人可能认为他难以接近，甚至产生畏惧之感。也许正因为如此，很少有人直接找他合作举办能乐讲座或其他活动，更多的是通过我来联系。

　　他有时会以戏谑的口吻调侃这种情况。在向外国人介绍自己时，他会说："我是玛德琳的丈夫，她才是我的老板。"一次，一位热爱能乐的外交官对我说："这么说你就是老板了？在正式访问时，是否可以请那位能乐大师在我们私人聚会上表演一段能乐呢？"这让我感到有些尴尬。通过在犹彦与剧院、大使馆以及各大学之间架起沟通的桥梁，我感到自己成了犹彦团队中的一员。

然而，与犹彦的意见相左却是常有的事。有一次，土耳其驻日大使邀请犹彦参加在安卡拉举行的"2010土耳其日本年"开幕式，并表演一段庆祝活动的舞蹈。在这种场合下，我认为传统舞蹈更为合适，但犹彦想表演更前卫的舞蹈。尽管如此，我最终决定尊重他的创作自由，接受了他的想法。我尊重犹彦致力于将能乐传承给下一代、融入现代元素并使观众更易接受所做的努力。然而，我认为对于外国观众，尤其是初次接触能乐的观众来说，古典的能乐舞蹈更能传达出能乐的美感。最后，幸运的是，观众们欣赏到了符合庆祝活动氛围的、充满活力的舞蹈。

通过多次举办能乐展示和讲座，我对首次参加能乐讲座听众的需求有了清晰的认识。正是因为这一点，我们的讲座一直以来都非常成功。参加讲座的日本人和外国人纷纷表示："现在很多人对能乐感兴趣，他们都希望更多地了解能乐"；"虽然我一直生活在日本，但多亏了这次讲座，我对能乐产生了浓厚的兴趣，简直为我打开了一扇通往新世界的大门"；"能够发现日本文化新的一面非常令人兴奋，这次经历非常愉快"。

每次犹彦在国外演出时，我通常会建议他加快能乐的表演节奏，以迎合观众的口味。然而，有时候他会对我的意见充耳不闻，完全不予理睬。遇到这种情况，我会感到愤愤不平，不明白为什么犹彦不信任我。也许他觉得只有他才真正了解舞台上的情况，而且他具有强烈的自尊心和艺术家特有的傲气，认为创造力只属于他自己。他可能担心，如果接受我的建议，作品创作方向的主导权就会受到他人的威胁。尽管如此，在选角和演出方面，只要犹彦能尊重我的意见，我仍然会感到非常高兴。

例如，2007 年庆应义塾大学数字媒体综合研究所在岩渕润子教授的推荐下，获得了光学设备制造商奥林巴斯公司的大力赞助，制作了一部名为《生日蛋糕》的短视频作品[1]。我曾向该视频导演犹彦提议让我的儿子犹巴参演。起初他并不同意，但最终还是答应了我的请求。在这部短片中，犹巴一人分饰两角。一方面饰演该片主角——一名被困在精神病院并幻想逃离此地的年轻患者。犹巴生动形象地刻画了这位内心向往自由的年轻人形象。同时，犹巴还饰演了这位年轻人内心深处的灵魂形象，并在瓦格纳的《特里斯坦与伊索尔德》序曲的伴奏下，表演了一小段简短而优美的能剧片段。

---

[1]　使用的是当时最先进的奥林巴斯 4K 的镜头进行拍摄。

在能乐界中，犹彦感觉自己一直被各种条条框框所束缚，他不希望自己的孩子走上相同的道路。因此，即使是其他非能乐演出，他也不太愿意让孩子参与其中。然而，我坚信只要犹彦能够和孩子们一同登台演出，将能乐传承给下一代就会变得更加容易。有一天，当我得知我最喜欢的作品之一，将由Solaya、犹巴和犹彦一同在黎巴嫩演出时，我的兴奋之情简直无法言表 [①]。

这部名为《李尔王与钢琴家之死》（*King Lear and the Death of a Pianist*）的戏剧，是犹彦为纪念莎士比亚逝世四百周年而创作的荒诞主义作品，于 2016 年在阿布斯坦国际音乐戏剧节上演。这场演出在黎巴嫩举行，演出嘉宾包括我们的老朋友——著名钢琴家埃里克·费兰·恩川（Eric Ferran Enkawa）和黎巴嫩女演员安妮·玛丽·萨拉马（Anne Marie Salama，她曾在 2009 年黎巴嫩美国大学上演的《意大利餐厅》中担任主角）。

艺术节总监米尔纳·布斯塔尼女士（Mirna Boustani）将演出地点选在了一家可以俯瞰贝鲁特的豪华酒店内的剧院。来自世界各地的演员齐聚位于贝特玛丽镇的这个剧院。布斯塔尼女士对犹彦在巴黎演出的《李尔之梦》印象深刻，因此决

---

① 演出当天恰好是我四年一次的生日，2 月 29 日。

定邀请这部融合了能乐的现代剧目参加艺术节。能够亲眼见
到 Solaya 和犹巴，与他们的父亲在我的祖国同台演出，展现
出他们的才华，对我来说意义非凡。我衷心希望在黎巴嫩的家
人和亲戚能够欣赏到多年来我为之付出心血的日本传统表演艺
术，哪怕只是短暂的欣赏。

　　当时，Solaya 和犹巴的排练是由犹彦负责在东京进行的，
与其他演员只有三天的联排时间。此外，剧本和配乐一直到演
出前都在不断地修改。每位演员的才华、技巧和激情相互碰撞，
才创造出了这样一部伟大的作品。Solaya 在剧中饰演李尔王
的小女儿考狄利娅，她身着无袖白色婚纱，手臂上戴着长长的
白色手套，头戴着天冠（冠末端有一面镜子），如同经典能剧
《羽衣》中的天女一样，极具异域风情。而犹巴扮演的是二女
儿里根和仆人的角色，他也穿着华丽的"直垂"礼服，如同能
乐中武士一般，他的一举手一投足都十分端庄。他们在舞台上
按照能乐的规定舞步，展现出非常流畅和细腻的脚步动作，彰
显了优雅从容的风姿。

　　Solaya 和犹巴第一次在钢琴家埃里克的伴奏下表演，这
对他们来说是全新的体验。埃里克演奏的曲目包括了巴赫、拉
威尔、瓦格纳、阿尔班·贝尔格和格什温等多种风格的作品。
其中，有一幕场景描绘了李尔王失去女儿考狄利娅的悲痛欲
绝的心情，配乐采用了莫扎特的《A 大调第 23 钢琴协奏曲》

在米兰·斯卡拉大剧院进行公演时的本书作者和犹彦，犹彦在海外演出时也经常穿着和服袴

（K.488），令人动容至深。犹彦扮演的"李尔王"这一角色，展现出了他精湛的演技。他与沾满女儿鲜血的婚纱一起翩翩起舞，最终悲痛得瘫倒在床上，这一场景至今都让我难以忘怀。

很多黎巴嫩观众，包括我的朋友和亲戚，都对犹彦、Solaya和犹巴在舞台上精湛的程式化表演感到惊叹。虽然演出结束后我收到了不少赞美之词，但我并不确定观众是否真正领略到了能乐美学的精髓。然而，布斯塔尼夫人作为策划人，对由黎巴嫩人和日本人组成的家庭能在舞台上表演日本传统艺术感到欣慰，并为她能给观众提供一次领略能乐魅力的机会感到十分满意。

辛勤付出的回报

不仅日本人，连黎巴嫩人和其他外国人也经常问我，跟日本人的婚姻是否困难重重。每当遇到这类问题，我都将其视为对我们的婚姻进行反思的绝佳机会。首先，我们两个人拥有截然不同的文化背景。作为典型的地中海人，我善于表达个人的喜怒哀乐等情感，而日本人则普遍被认为是一个相对内敛的民族。我的朋友们有时会说，犹彦超然的态度和严肃刻板的性格让他们感觉与其相处困难。然而，一旦深入接触，他就会展现出幽默和机智的一面。总的来说，由于生活在崇尚权威的古典艺术世界里，能乐表演者往往给人一种"高高在上"的印象，所以当他们和犹彦彼此敞开心扉成为朋友时，我感到非常放心。

在尊重传统的能乐世界里，表演者需要展现出一种庄严的氛围，这也反映了其特有的上下等级关系。有趣的是，这与日本人普遍拥有的"谦虚"的意识相违背。认为能乐演员拥有"自命不凡"的形象，可能源自某些将自己封闭在自我的世界中、不愿与外界交流的人的态度。而犹彦早已将目光投向外部世界，并积极与海内外的外国人交流互动。这很大程度上归功于他卓越的英语能力。

还有人问我，犹彦是否会感谢我作为他背后的女人，对他在能乐方面给予的大力支持。然而，犹彦并不经常直接将他的感激之情挂在嘴边，但他会用自己的行动来表达。例如，每天他都会花 20 分钟为我榨取新鲜的蔬菜汁；经济宽裕的时候，他会送我礼物，哄我开心。以前他还给我写过一张甜蜜的生日贺卡："我希望你能陪我走完余生。我会努力改正我的坏毛病。"我至今都仍珍藏着这张贺卡。

我想犹彦不能直接表达自己的感激之情，可能是因为他觉得这会表露出自己的软弱。这或许是受到世阿弥的影响。世阿弥曾说过在舞台上不应该流露出自己的情感，尤其不该表现在脸上。对犹彦而言，他不仅在舞台上不流露出情感，甚至对自己的妻子也如此。比诺·干巴（Bino Gamba）在评论当代戏剧《戏中咖啡店》（*The Coffee Shop within the Play*）时写道："梅若犹彦试图剥离剧中所有直接表达情感的部分，就像能乐表演一样。他将注意力转向内心的表达，剥除所有表面上多余的地方。"

然而，我并不是因为日本人特有的性情而苦恼。相反，我认为最令人烦恼的是那些渴望表现自我的人。这样的人既希望获得绝对的自由和独立，又希望成为众人瞩目的焦点，故情绪波动较大。通常情况下，犹彦经常陷入自我的深层世界，难以自拔。《意大利餐厅》中的一句台词精准地诠释了他的独特心境："我是一名能乐演员，在从事了五十多年能乐表演后的某一天，能乐的表演方式开始侵蚀我的生活。……因此，我发现自己处于能乐的表演方式与日常生活、虚构与非虚构的交织中。有时，它们同时吞噬着我。"

无论如何，我的目标始终是让更多的人喜欢能乐。我不仅向外国人介绍能乐，而且希望更多的日本人了解它。当那些对能乐不感兴趣的日本人感谢我给了他们重新发现本国文化的机会时，我也会感到非常有成就感。我手头留有一百多封来自各地的朋友寄给我的感谢信，下面就让我来介绍其中的一部分吧。

来自外国的朋友

"我们即将离开日本了，但在离开之前，您的表演给我们留下了美好的回忆，对此向您表示由衷的感谢。这是我们在日本获得的一笔宝贵的精神财富。像能乐这样的艺术不仅丰富了日本的文化，也丰富了全世界人民的心灵。"

"在日本的九年中，我最喜欢的戏剧作品是《李尔王》。它是最棒的！"

"虽然我不会说日语，但我非常喜欢这部剧的服装、风格、声音、音乐、台词、动作、色彩和戏剧性。"

来自日本的朋友

"您所做的工作对能剧的发展传承和日本的未来都非常重要！"

"我已经爱上了能剧的氛围。我钦佩您通过能剧所表达出的完整性和勇敢。把剧中台词打印出来，并发给每位观众，非常通俗易懂。"

"这是我第一次观看能剧，《朝长》这部剧中演员们一动不动专注神情给我留下了深刻印象。Solaya 的表演也非常出色。我们都完全沉浸在能乐中。"

一些忠实读者告诉我们，每次观赏犹彦的表演，他们都被观众的多元性所深深打动。当我的作品以这样的方式获得认可，包括在媒体上获得赞誉时，我感到自己多年的努力终于得到了回报。

终章

与母亲在黎巴嫩、日本一起生活的日子

黎巴嫩的咖啡店中，Solaya、犹巴和外祖母

外祖母 Teita

我的母亲被 Solaya 和托莫亲切地称为"Teita"[①]。黎巴嫩内战结束后，她依然时刻担心会失去家园。在 1976 年到 1977 年期间，为了躲避战乱，我们一家人逃到了日本，而我们在贝鲁特西部的房子却被陌生人抢走了。这段经历让母亲对离家在外久留产生了阴影，但有两次例外。一次是在我生完孩子成为新妈妈那段时间，也就是 1983 年到 1986 年间。这段时期，每年她都会来日本待上三个月，帮助我照顾孩子。

Solaya 和托莫出生后，尤其是在黎巴嫩局势相对平稳的时候，我会带他们在夏天去看望外祖母 Teita。我至今还保留着一张照片，照片上的 Solaya 大概不到两岁，正和两名面带微笑的士兵在坦克顶上合影。我认为，让孩子们亲身体验我祖国的文化，见识它的美丽与缺陷，是非常重要的。当他们看到被炮弹炸得千疮百孔的建筑物，或已变成一片废墟的瓦砾时，内心会受到强烈的震撼。还有一些建筑物被保留下来，并在其原址上修建了战争纪念馆。缺水和断电对他们来说也是第一次经历。尽管他们面对这些问题时感到困惑，但亲人们的温暖和关爱抚平了他们的不安。此外，黎巴嫩的夏天很特别。那些常年旅居国外的黎巴嫩人都会在这个时候回国团聚，使整个城市

---

① Teita 在阿拉伯语中是祖母、外祖母的意思。

Solaya 和两名面带微笑的士兵在坦克顶上的合影，1984
年于黎巴嫩

都变得热闹起来，仿佛战前那个充满活力的国际大都市贝鲁特
又复苏了一般。

　　每次我们回到母亲身边，她总是喜笑颜开。为了弥补分
离的时间，我们会一起去看电影，还会上街去买玫瑰水和开心
果冰淇淋吃。为了逃避酷暑，母亲会开车带我们去海边的度假
胜地游泳，或者去风景优美的山区游玩。她常常微笑着问孩子

们："你们想吃点什么好吃的呢？"每次她都会为孩子们准备
美味可口的饭菜。在我母亲家的阳台上，我们与朋友和邻居一
起举行了小型烧烤聚会，来庆祝 Solaya 在八月的生日。那时
的母亲是那么健康且精力充沛，这段回忆至今都令人难以忘
怀。Solaya 和托莫经常说："黎巴嫩是最佳度假地，无论哪里
都无法匹敌。"多亏了 Teita，我们在黎巴嫩度过了一段如此美
好的时光。

母亲的健康危机

在日常生活中，我们常常容易忘掉过去的不愉快，即使是
战争年代的回忆也不例外。正因为如此，当我们以为终于恢复
和平时，如果冲突再次爆发、战火重燃，我们才会深刻地认识
到国内局势的险恶。

2006 年夏天，黎巴嫩地区再次陷入了动荡之中，武装冲
突再次爆发。在这场长达三十余天的武装冲突中，附近的村庄
和城市遭受了前所未有的破坏。更为严重的是，国家的主要基
础设施也在这场冲突中受到了严重损害，电力、供水、交通等
系统陷入瘫痪，给当地民众的生活带来了极大的困扰。这场冲
突再次证明了和平的弥足珍贵。由于冲突再起，母亲原本期待
与我们共度夏天美好时光的愿望化为泡影，让她非常难过。当
时我正在突尼斯，为犹彦即将在迦太基国际戏剧节上演《汉尼

拔》做准备工作。尽管我离黎巴嫩很近，却未能如期见到母亲[1]。这场冲突似乎给母亲造成了沉重的打击。不久之后，她就开始感到身体不适，各种小毛病不断。当时黎巴嫩的局势动荡不安，各国使领馆纷纷开始撤侨。一直住在我家照顾母亲的斯里兰卡保姆也由于形势所迫不得不离开黎巴嫩。母亲非常喜欢她，所以她的离去让母亲感到非常失落。尽管我们提议再雇一个保姆，但遭到了她的拒绝[2]。当时，她还正常参加教会活动，大部分时间都和朋友们在一起度过，所以我们也没有继续坚持。

2008 年 10 月，就在我在黎巴嫩逗留的两个月即将结束之际，我的母亲遭遇了一场小车祸。当时，母亲开车时，试图捡起从仪表板上掉落的处方单，却不慎撞到了路边的一棵树。幸运的是，母亲没有受伤，但医生还是建议她不要再开车了。这项来自医生的"禁令"使母亲独居的情况变得更加复杂。母亲住在贝鲁特郊区一座小山上的居民区里。没有车，几乎无法出门。84 岁高龄的她逐渐失去了独立生活的能力，并很快因感到孤独而陷入抑郁。而当时我们四个孩子都身在国外，我想她一定感到前所未有的孤独。

---

[1]　不仅是我，遍布世界各地的黎巴嫩人都被这次冲突吓破了胆。结束内战后，黎巴嫩迎来了期盼已久的和平生活，人们重新对黎巴嫩未来的发展抱有一定的期待，却不想冲突再起。

[2]　当时母亲可能是不愿意再去花费时间和精力，去喜欢一个迟早会离开自己的人了。又或许是她想向我们证明还可以自己独立生活。

　　尽管母亲身边有几位朋友时常来看望她，但全家人依然都非常担心她。果然在 11 月的某天，我们最担心的事情发生了。母亲一直没接电话。邻居阿迈勒一直保管着我母亲家的钥匙，得知此事后也非常担心，急忙跑去看她。一打开门，就发现母亲躺在地板上。她立即叫来救护车，将母亲送往医院。当我得知母亲终于清醒可以说话时，护士却让我接她回家，因为她把护士打了，这不免让我很是惊讶。原来一直愁眉不展的母亲开始出现幻觉，变得疑神疑鬼，总觉得有人要害她。显然，她需要进一步的药物治疗。经过三天的全面检查，神经科医生诊断我母亲的症状是由癫痫和阿尔茨海默病引起的。这一诊断对我们全家人来说无疑是晴天霹雳。

　　直到我完成在日本的工作返回黎巴嫩，阿迈勒一直好心地把我母亲留在她家照顾。当我去接她时，母亲才得以安心地回到自己家。尽管如此，看到以前活泼开朗的母亲，由于病痛的折磨变得忧郁低沉，我内心还是很难接受这突如其来的变化。我多么希望医生的诊断是错误的，于是向一位著名的神经科医生寻求"第二诊疗意见"。在为母亲做完检查后，医生指出，母亲可以顺利地与人交谈，并没有患上阿尔茨海默病。他的诊断是母亲患上了"额颞叶痴呆"症。这是一种主要影响大脑额叶和颞叶的罕见疾病。一般来说，这些区域控制着一个人的性格和行为。这就解释了我母亲的行为变化。她不再愿意下床，也不再讲究卫生。她开始回避社交，对不喜欢的人产生消极的想法，变得容易沮丧。恐惧和焦虑导致她的情绪变化无常。母亲对于发生在自己身上的任何事情都非常恐惧，以至于她常在半夜醒来，在白天睡觉。

"额颞叶痴呆"症患者需要全天候二十四小时家属的陪护。患者的性格已经发生彻底改变，行为异常，夜不能寐，这给护理工作带来了极大的困难和压力。与日本不同，黎巴嫩没有为需要照顾老人的家庭提供任何公共支持。照顾老人被视为每个家庭应尽的责任。把老人送进养老院并不是不可能，但在黎巴嫩几乎被视为禁忌。许多黎巴嫩人认为将老人送进养老院是把家人当作"麻烦"，是摆脱麻烦的一种不好的行为。我们兄弟姐妹几个对于把母亲送进养老院的想法感到非常内疚。尽管研究表明，居住在设施完善的养老院中，可以培养老年人的"社区意识"，这对因认知能力下降导致孤独感倍增的老年人来说是有益的。

我曾经咨询过医生，是否可以将母亲接到日本，这样她就可以和我姐姐玛丽·罗斯及我在一起。然而，医生建议说，母亲已经习惯了在黎巴嫩的生活，现阶段不宜做任何改变。医生表示，如果把她带到日本，她可能会因环境突变，感到更加困惑。因此，我们决定让母亲继续暂时留在黎巴嫩疗养。每当我在黎巴嫩长时间停留时，我都会陪在母亲身边。母亲为我和我的兄弟姐妹付出了很多。因此，我希望至少在她面临困难的时候能够守护在她身旁。而且那时我的孩子们都已长大成人，我的丈夫也非常理解我的处境。

自从和我同住后，母亲就对烹饪表现出了浓厚的兴趣，饮食也比以前更有规律了。这让她的体力得到了一些恢复。然而，在生病期间，她与一些亲戚和朋友关系疏远了，心情也变得郁郁寡欢。那时，母亲总是一遍又一遍地重复着同样的话，很难与她进行有意义的交谈，我们之间的沟通出现了一定的障碍。这或许是导致亲戚朋友们与母亲逐渐疏远的原因。幸运的是，她还有一些朋友经常定期来探望她。但随着时间的推移和病情的发展，她变得越来越健忘，这让她感到非常沮丧。有一天，当我走到家楼下时，惊讶地发现我家窗外冒出了滚滚浓烟。好在住在楼上的邻居看到家里没人应门，就强行进入了屋内，及时避免了一场火灾。原来是母亲忘了灶上煮着的东西。幸好最后只是厨房的墙壁被烟熏黑了①，母亲和邻居们都没有受伤，损失也较小，这让我着实松了一口气。但从此以后，我意识到再也不能让母亲独自在家了。

我曾多次向母亲提议要重新雇一个保姆来照顾她，但她坚决不同意。当时我别无选择，决定违背她的意愿雇用一位保

---

① 当时黎巴嫩用的还是煤气罐。好在煤气罐没发生爆炸，若是爆炸了那将摧毁整栋楼，后果不堪设想。

在黎巴嫩家中阳台上远眺的景色，远远地能看到地中海

姆。这让母亲非常生气，我想可能是因为她很难接受无法独自生活的事实。母亲自从父亲去世后，已经一个人生活了近三十年，所以她想要管理自己的生活。虽然我能理解她的想法，但我必须确保她和邻居们的生命安全。

母亲的朋友爱丽丝介绍给我一位名叫"祖祖"（Zoozoo）的女保姆，她来自马达加斯加。据爱丽丝说，祖祖对之前的雇主不满意。爱丽丝的儿子塞托（Seto）不仅协助安排我们见面，还帮助办理了大部分雇佣手续。祖祖会说法语，这让母亲和她沟通起来很顺畅。然而，起初母亲对她持怀疑态度。她和我母亲一样都很强势，所以有时她们会发生冲突。然而，经过了一段时间，母亲发现祖祖不仅乐于助人，而且值得信赖，她开始改变对祖祖的看法。尽管母亲一开始对祖祖持有偏见，但随着病情的恶化，母亲对祖祖产生了深厚的感情。她们最终成了好朋友，祖祖甚至亲切地称我母亲为"妈咪"（Mamie）[1]。

在黎巴嫩的生活

贝鲁特的生活与东京截然不同。当我看到贝鲁特的社会基础设施因内战而陷入瘫痪时，我感到万分痛心。停电、缺水和缺乏公共交通已成为司空见惯的事情。危险驾驶随处可见，常常酿成惨痛的交通事故。急促的喇叭声响彻街头，传递着司机们的不耐烦和沮丧，仿佛撕裂了周围的空气。在黎巴嫩，由于公共交通不可靠，家庭拥有私家车的情况并不少见。这也是导致贝鲁特交通拥堵不断的原因之一。

所有这些都让我意识到东京的生活是多么美好。尽管东京拥有一千三百万人口，但秩序井然，每个人都专注于自己的事情。无论我走到哪里，没有人会盯着我看，也没有人会喝倒彩（至少不像在贝鲁特那样）。我还喜欢日本的其他方面，包括安全而稳定的氛围、高品质的服务文化以及先进便捷的交通系统。当然，美食、文化和各类娱乐项目（如温泉）同样也不可错过。

在贝鲁特期间，我为了解决各种问题而忙忙碌碌。我修好了发电机、灌满了蓄水池，还做了许多其他的事情。每当和

---

① Mamie 在法语中是奶奶的意思。当时的祖祖已经 30 多岁了。

朋友聚会时，我们常常讨论如何运用各种小妙招来解决问题。话题还涉及通货膨胀、发电机运行的费用和其他各种令人忧心的事情。

为了调整心情，我加入了一个登山俱乐部，休息时间爬爬山。在欣赏到以前未曾见过的美景时，我感到心旷神怡。登山不仅有助于缓解我照顾母亲的压力，还让我有机会结交新朋友。有时候，我的邻居担心我远离家人生活，也会对我伸出援手。其中一位名叫劳拉（Laura）的邻居就邀请我加入她常去的健身房。去健身房也有助于我保持身心平衡，特别是拉伸课程对身心的调节就很有助益。我发现一个有趣的现象，在日本，学生们会在老师到来之前就早早地进入教室等待上课，如果我在上课前的最后一刻才进入教室，就会引起别人的侧目。而这里的健身房却不同，大家欢迎所有在下课前到达的女士。我养成了下课后和健身伙伴们一起喝咖啡的习惯，这就像是一种心理疗法。女士们围坐在一起，喝着咖啡，公开讨论着丈夫、家庭和政治局势，真是令人耳目一新。在那里，我不必总是担心自己是否说了什么不恰当的话，我可以做真实的自己。我的健身室伙伴们也很关心我的母亲。她们会向我推荐一些口碑好的医生，并在我不得不暂时返回日本时主动提出帮助我照顾母亲。然而，每次我一回到黎巴嫩，就会想念日本，反之亦然。正如俗话说的那样，"别人家的月亮更圆"。

黎巴嫩的艺术界

随着我在黎巴嫩逗留的时间越来越长，我开始为无法参与丈夫和孩子的文化活动而感到沮丧，对于充满活力和文化繁荣的东京也越发怀念。我非常感激犹彦和孩子们两次来黎巴嫩看望我母亲，这给了我很大的安慰。趁着他们在黎巴嫩期间，我还安排了犹彦的能乐表演和工作坊活动。此外，2009年 Solaya 决定和 Teita 一起生活一年多，这让我非常高兴。考虑到 Teita 的年龄和身体状况，Solaya 希望能在外祖母失忆之前多陪陪她。她还决定抓住这个机会，拍摄一部充满艺术活力的黎巴嫩纪录片。除了照顾 Teita，Solaya 和我全身心地投入为这个项目寻找合适的艺术家的工作中。那时，我为能够和 Solaya 一起高效地工作而感到高兴。通过这项工作，我们了解到艺术家背后的故事和他们的创作历程。Teita 也对孙子辈的好意感到非常感激。看到我忙前忙后，她也很欣慰。作为一个总是为别人着想的母亲，她为女儿因自己而与家庭、工作分离感到难过。

Solaya 花了十个月的时间，通过缩小艺术家的访谈范围，逐渐深入了解他们。她聚焦于来自不同背景、领域和年龄的创作者，希望通过自己的艺术作品来批判黎巴嫩的教派冲突。她尤其感兴趣的是，黎巴嫩人民如何在政治和社会动荡的几十年中度过，并应对未来的不确定性。这就是影片《明日将至》（ *Burka Minshouf / Tomorrow We Will See* ）这个名字的由来，这是黎巴嫩人常说的一句话。

寻找艺术家并不难。艺术家们互相认识，并热情地把我介绍给他们的朋友。我不仅做调查、寻找拍摄地点、协助采访，还帮助寻找赞助商为影片提供资金。《明日将至》还被邀请参加了包括国家地理纪录片电影节在内的多个电影节，并在丹麦国家电视台播出。我的努力也得到了回报，黎巴嫩文化部向我颁发了文化促进功绩奖，我还获得了德意志银行贝德尔实业家评审团奖。

以前关于黎巴嫩的大多数新闻都是有关内战和恐怖袭击事件的。但在我看来，《明日将至》这部电影至少能让观众对黎巴嫩产生亲近感。无论是否去过黎巴嫩，该片所讲述的故事都能引起每个人的共鸣。许多日本人对这部电影感到惊讶，许多评论称他们不曾想到黎巴嫩竟然是一个如此有趣的文化中心。实际上，一些观众甚至亲身造访过黎巴嫩。一位出生在黎巴嫩、现居澳大利亚的观众，她在观影前表示自己曾发誓再也不回黎巴嫩了。但看完电影后，她改变了主意。还有一位住在华盛顿特区的黎巴嫩青年，他感谢我们将这部电影带给全世界。因为当他告诉美国人他来自黎巴嫩时，他们有时会说，"哦，就是那个与'9·11'事件有关的地方吧"（指 2001 年 9 月

11 日发生在美国的恐怖袭击事件）。于我而言，能够向 Solaya 介绍我祖国的文化，并与女儿一起工作，是一次难得的机会。最重要的是，我为能作为制片人参与这部搭建日本和黎巴嫩友谊桥梁的纪录片而感到自豪。

母亲最后一次赴日

到了 2013 年，母亲的长期、短期记忆均进一步恶化。她已经对时间失去了概念，甚至连自己的家都认不出来了。尽管待在自己家里，她还是一再要求我带她回家。我已经无法再让她意识到这所房子就是她居住了二十五年的家，这令我非常沮丧。我带她去了她以前居住的小区，但令我惊讶的是，她依然没有任何反应。母亲还经常问我她的丈夫和妹妹伊莲娜在哪里，但我每次都不得不岔开这个话题。因为我实在不忍心一次又一次地告诉她他们都已经去世了。此外，母亲有时会在半夜要离家出走，我不得不把家里的钥匙藏起来。我想是时候带母亲去日本，让她见见玛丽·罗斯和我的家人了。因为她甚至都不知道自己家在哪里了。我想，对母亲来说，让她身边有更多的家人陪伴更重要。而且，我们全家人都想在她还有一些记忆的时候，尽可能多地陪伴她。

2013 年 9 月，我带着母亲回到了日本。幸运的是，保姆祖祖也获得了三个月的签证，这样她也能陪在母亲身边。当我们安全到达日本的家后，我终于松了一口气。母亲非常高兴能够与玛丽·罗斯和我的家人团聚，她对全家人给予她的关心和照顾感到无比开心。犹彦还邀请妈妈到阳台上一起吸烟，即使后来母亲的记忆变得模糊了，她仍然记得犹彦。虽然黎巴嫩的医生告诉我最好不要改变母亲的生活环境，但有了家人的陪伴，母亲显得格外安心自在。我们家恰好位于公园对面的街道上，这样带她出去散步非常方便。而且由于这是个繁华街区，有很多咖啡馆和餐馆，我们经常一起出去品尝美食，这让她感到非常开心。

2013 年来日本的时候，保姆祖祖、我母亲和我在神户的合影

　　一切都过得很顺利，直到 2014 年母亲在家里不慎摔倒。当时，急救人员花了一个小时才找到一家愿意收治我母亲的医院。由于她是一位 90 岁的外国老人，且患有老年痴呆症，胸部还植入了心脏起搏器，所以很难找到接收她的医院。幸好附近的广尾都立医院接收了她。医生发现我母亲右腿骨骨折，并立即为她进行了手术。手术非常成功，我们全家都松了一口气。出院后，母亲接受了康复治疗。在住院期间，医院工作人员都对她非常友善。无论医生护士们工作多么辛苦，他们的脸上始终带着微笑。正是在这段时间里，我深刻认识到了日本医疗系统的卓越之处。尤其是日本的医生和护士具有高超的专业水准，而且非常尊重每一位患者。

　　然而，就像老年人卧床不起后常见的情况一样，母亲的健康问题持续恶化。她接连患上了胆囊结石及其他并发症。由于她有心脏病并植入了心脏起搏器，无法长时间接受全身麻醉，医生告诉我无法对母亲进行手术治疗。经过多次会诊，医生决定插入一根管子，进行经皮经肝胆汁引流术来改善她的病情。术前，医生告知我们，由于母亲已经 90 岁高龄，手术危险系数非常高。所以，母亲被安置在重症监护室。为此，我的哥哥乔治从伦敦赶来，姐姐玛丽·罗斯也从神户赶了过来。令医生们感到惊讶的是，两周后，母亲居然康复了，病情也趋于稳定。

　　出院后，母亲需要转移到疗养院继续做康复治疗。但由于她的病情复杂，要找到一家愿意接收她的疗养院并不容易。我首先向所在的东京都港区①区政府进行了咨询，结果他们告诉我，该区的疗养院没有空位。然而，我并没有放弃，又向附近几家拥有康复设施的疗养院提出了申请。等候入院的名单也长得令人难以置信。与此同时，广尾医院再次向我们伸出了援手，给我介绍了一家愿意接收我母亲的康复中心。唯一的问题是，从我家到那里要坐一小时的火车或汽车。但由于无处可去，我们决定将母亲送往那里。康复中心的设施很新，工作人员也非常友好。把母亲独自留在离家这么远的康复中心对我来说是个艰难的决定，但我别无选择。我一个人无法提供她所需要的二十四小时全天候的护理。尽管如此，我还是每天往返两小时去看她。

　　尽管母亲是康复中心里唯一的外国人，但她在那里感到很安全，并得到了医护人员细心的照顾。无论我母亲有多难相处，工作人员对她总是和蔼可亲。由于语言不通和病情导致的情绪波动，与她沟通并非易事。然而，护理人员为她准备了一本实用的法语和阿拉伯语单词本，并记住了其中的一些常用语，以便更好地与母亲交流。表达善意和感激之情其实不需要任何语

---

① 东京都港区是日本东京都内 23 个特别区之一，是一个聚集着诸多外国大使馆、国际气氛浓厚、较为高档的地区。港区位于东京东南方、紧邻东京湾。曾经的日本第一高也是东京最重要地标之一的东京铁塔亦位于此区内。——译者注

言。母亲经常对着护理人员微笑，亲吻他们的手，并且送出飞吻来表达自己的感谢之情。护理人员都觉得这位固执而热情的老太太很有趣。

此外，让母亲感到高兴的是，康复中心的其他康复人员对她也很好奇并都很关心她。虽然他们知道母亲是外国人，但他们却总是用日语跟她交流。有趣的是，每当他们用日语与母亲说话时，母亲却用法语或阿拉伯语回答他们。也许她没有意识到对方是日本人，或许她认为对方能听懂她的语言。不管怎样，这是一种心与心的交流。由于母亲经常能见到家人，她可能以为自己仍在黎巴嫩。令人惊讶的是，在康复中心住了一段时间后，母亲竟然不再要求我送她回家了。我还注意到，与之前在家时相比，她变得不再那么焦虑，也更容易接受现状。每天花两个小时去看望母亲是非常值得的。

由于我母亲的健康状况一直不稳定，频繁入院已成家常便饭。某天，当我回到广尾医院时，医院建议我将母亲转到临终关怀医院。于是，我在朋友优子的陪同下参观了一家临终关怀医院。然而，一进大楼，我感到非常沮丧，立即拔腿就离开了这里。看到那些病人被连接着各种仪器，静静地等待死亡，我格外地揪心。随后，优子又带我去了附近的一家名为"麻布万丽"的养老院参观。幸运的是，他们接纳了我的母亲。这个养老院既干净又宽敞，而且古河桥医院就在院内。在医生的精心照料下，母亲逐渐康复了起来。

幸运的事情

2014 年 12 月中旬，我们全家欣喜地收到一则消息，一家名为"有巢之森 Kinoko 南麻布"的特殊养老院可以接收我母亲入住。这时距离我们提出申请已经过去了十个月。由于我母亲是外国人，能够进入候补名单已是我莫大的荣幸。这个好消息简直是我收到的最棒的圣诞礼物。据说整个港区就有三百名老人在候补名单上，所以能够入住真的是运气好。

母亲和好朋友在养老院

"有巢之森"是一座现代化的新设施，不仅离我家近，而且设施齐备，周围环境也很优美，对面就是景色宜人的有栖川宫纪念公园。天气好的时候，我喜欢带母亲去那晒晒太阳，看看孩子们在广场上玩耍，她也很喜欢。母亲住的地方是养老院南翼，每层楼有四个独立的单元，每个单元都设有一个护士值班室和一个带露台的客厅。客厅里放着架钢琴，访客可以弹奏，工作人员还经常组织各种聚会。每个单元有十位老人居住在带卫生间的单间里。每个单元都配备三至四名护理人员，全天候照顾入住者，并负责准备饭菜，与住客一起用餐。其中一些兼职员工是外国人，因此有时也会提供韩国菜、菲律宾菜和中国菜。实际探访"有巢之森"后，你会觉得这里简直就像自己家一样。它给人一种如家般的自在感，你会自然地与工作人员和住客聊天。与之前入住过的两家养老院一样，母亲似乎很快就适应了新的环境，并对这里的生活感到满意。除夕夜，姐姐玛丽·罗斯和她的丈夫道兼一起来看望母亲，我们准备了美味可口的蛋糕，在一片喜庆的氛围下，我们全家人一起共度新年，并为母亲庆祝了生日。

养老院的活动丰富多彩，经常组织各种派对、烧烤、古典音乐会和夏季庆典等活动。在樱花盛开的季节，工作人员会带领入住者前往有栖川宫纪念公园野餐。所有这些活动的照片都陈列在单元入口处。这里的欢乐气氛每天都给我带来无尽的喜悦。当母亲与新朋友交流时，哪怕只是通过手势，也能进行沟通。每次听到母亲和新朋友欢快的笑声，我内心都感到格外温暖。每个月，"Hands On Tokyo"志愿者组织都会来养老院为大家唱歌，陪着玩游戏，或为入住者提供手部按摩服务。母亲特别喜欢一位来自巴西的志愿者雷吉娜。她会说法语，有空就来看我母亲。雷吉娜说，Tieta 让她想起了自己的母亲。还有一位菲律宾护工告诉我，母亲经常握住院友的手以表达她的爱。一些日本护工也用自己的方式来表达关爱之情。看到他们这样做，我深受感动。

2014 年在"有巢之森"养老院母亲的生日派对上，姐姐和姐夫石黑道兼、Solaya、托莫和作者的合影

每天我都会去养老院探望母亲，也因此逐渐认识了其他的院友。有些院友几乎没有人来探望过。于是我开始关注他们，并在必要时协助护理人员提供力所能及的帮助。尤其是晚上，护理人员比较少，我常常选择晚饭时间去养老院。在给母亲喂完晚饭后，我会帮护工把她放到床上，陪她入睡。母亲每次都入睡得很快，但在临睡前，她总会感激地向我道谢，感谢我对

她的照顾。慢慢地我和其他的院友也成了朋友，使我的日常探访变得更加愉快。有一位院友总是坐在我母亲旁边，每次我去探望时，她就会高兴地夸我"你真漂亮"。还有一件有趣的事，一位院友曾当着我的面说他不喜欢我蓬松的卷发。当我把头发拉直后，他立刻表现出满意的表情，对我表示赞许。还有一位性格开朗的女士，她热衷于读报，喜欢看她常看的电视节目，还经常给我和母亲写真挚感人的信。另外还有一位八十多岁、性格温柔的老太太，她曾经做过翻译，擅长英语；还有一位温文儒雅的画家，他的作品就摆放在走廊展示。最近，还住进来一位新住客，常常看到她的丈夫帮助她吃饭，并陪着她玩记忆游戏。看到这位温柔的丈夫，我想起了我的父亲。

温暖人心的跨文化交流

我深深地敬佩每一位护理人员和护士。他们的工作非常辛苦，却展现出无比的耐心和爱心。同时，我也非常感谢他们不遗余力地用阿拉伯语和法语与我母亲交流。虽然有些阿拉伯语的元音发音很难，但他们能够准确地拼读出一些阿拉伯语单词，这给我留下了深刻的印象。例如，当护理人员帮助母亲换睡衣，想让母亲躺下时，会说"Iburemi"；当检查母亲是否感觉良好时，她们会问"Çava"（好吗）？护理人员与母亲沟通的方式非常独特，当母亲出现情绪波动时，她们会温柔地鼓励她，说道"Bonjour, Janet ！"或"Bravo, Janet ！"每当韩国护工对我母亲说"I Love you, Janet ！"时，母亲都会回敬她一个飞吻。母亲很爱干净，尤其喜欢这位韩国护工帮助她入浴，这让她感到非常放松。工作人员总是想方设法让她开心。她们会带她去公园和附近的意大利餐厅。我常常在周末带她和孩子们在那里吃晚饭，她特别喜欢那家餐厅的意大利面。有一次，护工们请人帮忙，把坐着轮椅的母亲从陡峭的山坡推到离广尾市中心大约 15 分钟路程的一家叙利亚餐馆用餐。还有一次，三位护理人员被调往另一层楼。当她们向曾经照顾过的院友告别时，泪水不禁潸然而下，这也给我留下了深刻的印象。即使调走后，她们偶尔还会过来打个招呼（其中一位还模仿我的叫法，叫我母亲"Mamie"），看来我母亲对她们都有印象。

2018 年，我母亲因身体免疫力下降，患上了水痘及相关

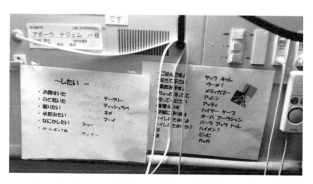

为了随时可以查阅而贴在母亲床边的单词表

的心肺功能的疾病，第四次住进北里大学北里研究所附属医院接受治疗。虽然康复的希望渺茫，但医生们仍尽心尽力地为母亲治疗，对此我深表感激。医院的护士长曾和我开玩笑地说，我和我的家人应该获得"家庭爱"这一奖章，因为我们一家人给予了母亲足够的爱，让她拥有了直面病魔的勇气。每次我母亲住院，护士和工作人员都会记得我们，这让我既惊喜又安心。

后来由于持续高烧，母亲住院的时间越来越长，身心状况也日益恶化。令人遗憾的是，有时她甚至分不清我是谁。有段时间，她竟然无法叫出我的名字，但最近她又突然记起了我的名字，这不免让我惊喜万分。还有一次，本该入睡的她却不停地喃喃自语："我过马路时应该更小心些。"我问她是不是指

我和妈妈

我出生前她被车撞的那次，她回答说是。虽然母亲的身体状况依旧堪忧，但每当我目睹她内心中爱的火花重新点燃的瞬间，感受到她对我的关爱时，我都会被深深触动。

我通常会忘记自己做梦的情景，但最近却对一个梦记忆犹新。梦里，我正和家里的保姆祖祖一起烹饪美食。突然间，妈妈出现了，给了我们一个巨大的惊喜。她看起来心情不错，非常开心，身姿笔挺，焕发着健康的光彩，而且她的脸上洋溢着灿烂的笑容。

无论身在何处，我衷心地期盼她永远与我同在。

后记

　　本书讲述了一个传承了日本传统戏剧能乐的家庭，如何将日本和黎巴嫩这两种文化融合在一起的故事。20世纪70年代，黎巴嫩爆发内战，国内政局变得动荡不安，我们一家人也因此分散在世界各地。然而，我仍然很幸运地不仅在日本找到了一个安全的避风港，并且为传播日本文化作出些许自己的微薄贡献。这本书展示了至今为止我的心路历程，诉说了一个外国人在异国他乡生活的故事。在此过程中，我深刻认识到对于身处异国他乡的外国人来说，创造力和毅力有多么重要。同时，由于我丈夫从事的是能乐这一日本传统艺术，本书还描述了我在封闭的能乐界中找到自己位置的经历。

　　我丈夫犹彦既是一位能乐师，又是一名研究能乐的学者。他在日本岩波书店出版的《能乐入门》中，从演员的角度对能乐进行了深入分析，并介绍了他的家族所继承的能乐传统。在本书中，我希望以我个人与能乐美学的邂逅为基础，描绘我所经历的生活中的辉煌与艰难时刻。我还与读者分享了我在日本日常生活中的困惑，以及在多元文化环境中抚养孩子所面临的困难和挑战。值得庆幸的是，日本政府不仅允许我把患有老年痴呆症的母亲接到这里，还为她提供了良好的医疗条件和照顾。母亲在日本度过的五年时间里，我目睹了医院和疗养院工作人员的辛勤付出以及他们对病人的尊重。这让我对日本人对待老年人的价值观有了更加深刻的认识。在本书的结尾，我写下了母亲在日本度过的临终时刻。

在此衷心感谢岩波书店给了我出版本书的机会。我要特别感谢岛村典之编辑，没有他这本书可能永远不会问世。是他对我的故事表现出了极大的兴趣，并在本书的写作过程中给了我很多建设性的意见。我还要感谢才华横溢的日语版译者竹内要江女士。她对未知事物充满了好奇心，细致调查研究的精神以及对翻译事业的高度热情，贯穿了本书翻译的始终。此外，我还要衷心感谢杰塔·胡拉尼（Geeta Hourani）博士和黎巴嫩圣母大学的黎巴嫩移民研究中心为表彰我在日本和黎巴嫩之间开展的各种文化活动而颁发的奖项。是胡拉尼博士鼓励我将自己的故事编撰成书，用活力和信心激励世界各地的黎巴嫩人，这也是我写这本书的初衷。

我还要由衷地感谢东京大学的史蒂芬·马菲重松教授，在他的指导下，我完成了关于双文化儿童身份形成的研究。他的研究让我获益匪浅，在为孩子们制定教育政策方面提供了重要帮助。尽管我没有继续从事计算机科学研究的道路，但研究生阶段的学习赋予了我扎实的逻辑思维能力。在此，我衷心感谢在英国、美国和日本的大学里曾经教过我的各位老师们。

我的家人一直是我最坚强可靠的后盾。我亲爱的丈夫犹彦，在过去 37 年中不断给予我灵感，与我携手前行。如果没有宝贝女儿 Solaya 提供宝贵的意见，没有儿子犹巴在身边陪伴，我就不可能完成这本书的写作。

我的婆婆罗莎·梅瓦卡热情地欢迎我加入梅若这个大家庭。我的妹妹宝琳对艺术的热情也不断激励着我，哥哥乔治和他的家人在我们逗留英国期间给予我们全家无微不至的照顾，对此我将永远心怀感激。在此，我还特别要感谢我的姐姐玛丽·罗斯和她的丈夫石黑道兼对我的照顾和关爱（没有他们，我就不会与日本结缘）。

在本书的编辑过程中，约翰·阿马里（John Amari）给了我很多有见地的建议。纳因德·贾奇（Nainder Judge）、米雷耶尔·艾德（Mireille Eide）和琳娜·瓦拉迪（Lina Varadi）也积极参与本书的编辑。他们为本书的出版发行耗费了大量的时间和精力，我由衷地感谢他们的付出以及我们之间结下的深厚友谊。

最后，我要感谢日本和世界各地支持我的朋友和能乐爱好者的帮助，没有他们，我不可能走到今天。我还要感谢日本文化厅和日本国际交流基金会的慷慨支持，没有他们的大力资助，海外的能乐演出就无法实现。对此我满怀感恩之心。

谨以此书献给我最爱的父亲和母亲——爱德华和珍妮特。

正是因为父母对我的全身心的关爱，我才有了今天的成就。感谢他们，让我对毫无保留的爱和人性产生了深深的信任。2018 年 11 月 19 日，我的母亲珍妮特·阿比·纳吉姆在家人和"有巢之森"养老院工作人员守护下，安详离世。

梅若·玛德琳

2019 年 11 月 19 日